"名将"汇聚"好汉"班

多彩校园故事多　　适合小学中高年级

5分钟趣味阅读

爆笑派

张伟 主编

主　编

张　伟

副主编

刘士荣

编　委

谭佳辉　苏小霞　张　瑶　赵大鹏

张秋珍　程乔夏　李　微　赵　洁

南京师范大学出版社

图书在版编目(CIP)数据

"名将"汇聚"好汉"班·爆笑派 / 张伟主编. —南京：南京师范大学出版社，2016.7

(5分钟趣味阅读)

ISBN 978-7-5651-2785-4

Ⅰ. ①名… Ⅱ. ①张… Ⅲ. ①阅读课—小学—课外读物 Ⅳ. ①G624.233

中国版本图书馆 CIP 数据核字(2016)第 149603 号

书　　名	"名将"汇聚"好汉"班·爆笑派(5分钟趣味阅读)
策　　划	姜爱萍　张　伟
主　　编	张　伟
责任编辑	毛玉玲　王书贞
绘　　图	王哲然
出版发行	南京师范大学出版社
地　　址	江苏省南京市宁海路 122 号(邮编:210097)
电　　话	(025)83598919(总编办)　83598412(营销部) 83598297(邮购部)
网　　址	http://www.njnup.com
电子信箱	nspzbb@163.com
照　　排	南京理工大学印刷照排中心
印　　刷	扬州市文丰印刷制品有限公司
开　　本	787 毫米×1092 毫米　1/16
印　　张	9
字　　数	151 千
版　　次	2016 年 7 月第 1 版　2016 年 7 月第 1 次印刷
书　　号	ISBN 978-7-5651-2785-4
定　　价	19.80 元

出 版 人　彭志斌

南京师大版图书若有印装问题请与销售商调换

版权所有　侵权必究

前言

  校园是同学们成长的摇篮,校园故事是记录同学们成长的最佳载体。这个世界多姿多彩,发生在这里的故事纯真纯美纯洁。其中,有老师盈盈的笑脸,有同学纯真的友谊;有学业成功的喜悦,有考试失败的泪水;有成长的感悟,有思绪的升华。漫步在这个世界,喜怒哀乐样样皆有,苦辣酸甜咸五味俱全。

  "儿童比艺术家的心真切得多。"(丰子恺语)作为一套非虚构作品,借助于童年的纯真,透过不染世俗的目光和心灵,去描绘生活中的美,赋予了这套书独特的审美价值。它虽清浅稚嫩,但内蕴深厚;虽短小精悍,但韵味无穷。它是一面镜子,映射出时代的光华;它是一块磁铁,把无数难忘的瞬间凝聚在一起,化为永恒;它是一部乐曲,把独具魅力的时代记忆编成了华美乐章。

  同学们在欣赏同龄人感受美、展示美的过程中,既可以提高自己观察生活、认识生活、表达真情实感的能力,又可以陶冶身心、美化心灵。

  校园生活五彩缤纷、绚丽多彩,校园故事是同学们的亲密伴侣。有它做伴,同学们的心灵永远不会寂寞;有它做伴,同学们的心头永远是天高云淡。

主编 张 伟

目录 CONTENTS

爆笑派之一：另类同学的"天才"表演

同桌招数大揭秘 / 002
"爱哭鬼"逸事 / 005
我的同桌马小跳 / 008
"名将"汇聚"好汉"班 / 010
有趣的"疯羊" / 012
我班的"唐僧师徒" / 014
妙手吴 / 016
绝对先生 / 018
他真逗 / 020
搞笑男生 / 022
我们班里的"三大天王" / 024
我的冤家同学 / 026
调皮的同桌 / 028
我的同桌有特点 / 030

爆笑派之二：教室奇闻录

"老杜""小杜"和"阿杜" / 032
歪打正着 / 034
眼神来了，小心 / 036
奇妙的演奏 / 038
今日教室涨"洪水" / 040
满"城"尽是巧克力 / 042
捉"鬼"记 / 045
细心决定成功 / 048
有趣的拼句游戏 / 050
"烽火连天"的教室 / 052
表演课本剧 / 054
一张"杰出"的国画 / 056
手脚总动员 / 058

爆笑派之三：人人都有一本难念的经

打嗝风波 / 062
我有"三急" / 065
我与错别字 / 068
一根油条两张大饼 / 070
我是一只"双面虎" / 072
粗心的我 / 074

糗事冠军 / 076
"活宝"同桌 / 078
摘不掉的小眼镜 / 080
我的朋友叫"马虎" / 082
音乐考试出洋相 / 084
调位 / 086

爆笑派之四：另类同学的"不幸遭遇"

练坐功 / 090
"裤"行记 / 092
我出洋相了 / 094
愚人节逸事 / 096
一项特殊的作业 / 098
第一次被罚一百遍 / 100

疯狂逃生记 / 102
"冰上芭蕾" / 104
针尖大的小点儿 / 106
考试中的意外 / 108
紧急事件 / 110
一夜不拉灯 / 112

爆笑派之五：另类老师的个性剪影

歪牙老师 / 116
一次最忽悠人的听写 / 118
从前有座山 / 120
赵老师的口头禅 / 122
幽默和蔼的单老师 / 124
老项搞笑 / 126

"捞鱼" / 128
中了高招真开心 / 130
幽默的张老师 / 132
我们的语文老师很特别 / 134
有绝活的老师 / 136

爆笑派之一：另类同学的『天才』表演

他是我的同桌,圆圆的脸,矮矮的个子,胖胖的身体,戴着一副圆圆厚厚的眼镜,坐在那里像个冬瓜,走起路来像只企鹅,一副老实巴交的样子。实际上,遇到事情他狡猾得很,招数多得很,不信你看——

同桌招数大揭秘

王心怡

他是我的同桌,圆圆的脸,矮矮的个子,胖胖的身体,戴着一副圆圆厚厚的眼镜,坐在那里像个冬瓜,走起路来像只企鹅,一副老实巴交的样子。实际上,遇到事情他狡猾得很,招数多得很,不信你看——

第一招　声泪俱下

"好同桌,你就再借我一次嘛!"这天,他又问我要橡皮。

"不给!"我斩钉截铁地说。不是我小气,而是他已经向我要了N块橡皮了。他的橡皮不是找不到了,就是用完了,我真不知道他是用橡皮还是吃橡皮。

他见我的回答如此干脆,皱了皱眉,挠了挠头,眼睛眨了眨,就红了起来,用手一揉,一滴滴泪水就滚落下来。我心软,赶紧扭过头去不看他,他却一声接一声地抽泣起来,我的心顿时"化"了,对他说:"好了,别哭了,我借给你不就行了!"说完,我就把橡皮放到他的桌子上。

同桌拿起橡皮,破涕为笑,美滋滋地放进自己的文具盒里。

"哼,真是的,又被你骗了!"我冲他喊,同桌却憨憨地朝我笑笑,说:"谢了!"

第二招 喋喋不休

英语课上,进行单元测试。他是数学课代表,英语却不怎么样,经常不及格。这时,他左瞧瞧,右看看,终于选择好了目标——我。

"让我抄抄,好吧?"他腆着脸小声求我。我不理他,顺手把卷子捂住了。

"我让你抄数学。"他说。

我白了他一眼,说:"用不着!"

"喂,你就让我抄最后一次嘛,最后一次。"我仍不理他。他每次都说最后一次,但"最后"之后永远还有"最后"。他唠唠叨叨,婆婆妈妈地说个不停,烦得我都不能做题了。

我指着他威胁道:"你要再说一句话,我就……"

他依然低眉顺眼地说:"行行,我不说了,不说了,唉,我不就是想抄抄嘛,还是同桌呢。"

我实在忍无可忍,掀开卷子,说:"抄吧,抄吧,烦死了。"

他又胜利了,冲我笑笑,得意地说:"谢了!"

第三招 糖衣炮弹

"真的,我家的母狗上礼拜生小狗了,生了三只,两只白的,一只花的。"同桌说。

我一听,顿时眼前一亮。我从小就喜欢小狗,何况是刚生下的,一定非常非常可爱,非常非常好玩。

他继续说:"你愿意去我家看看吗?如果喜

魅力解读

故事真实自然、生动、有趣,又很有积极意义。看,同桌遇到事情时的狡猾招数——声泪俱下、喋喋不休、糖衣炮弹,这些看似反面的描写,却是那样真实自然,仿佛就是生活中的你、我、他,让读者感同身受;瞧,作者抓住同桌的外貌、语言、动作、神态等进行描写,写得具体、生动、有趣,让我们如见其人,如闻其声;再看,最后话锋一转,写同桌借书给"我",反映了他的善良,虽然只是轻点一笔,却给故事增添了一道靓丽的色彩。

欢的话,可以抱一只,怎么样?"

我兴奋得不得了。

那天下午,老师让同桌互检家庭作业上的家长签字,要求家长必须签上"已背会,家长:某某某",不能只写"家长"二字,他的家庭作业上却没有写全。

我正准备告发他,他竟慢条斯理地说:"你要是告诉老师,我就不送你小狗了!"

我好容易和家长说通,同意在家里养一只小狗,他要是不给可怎么办?想到这里,我只好睁一只眼闭一只眼了。

见此,他笑眯眯地说:"谢了!"

他就是这样的人,想让别人答应他的要求时,总能想出好多招数,作为同桌的我是屡战屡败,一再上他的套儿,不过,他这个人还是很善良的,帮助别人,会不遗余力。

上美术课,我忘了带书,他二话不说,拿出书就和我一起看。老师检查到我们这儿,瞪圆了眼睛望着我俩,问谁没带书,他竟毫不犹豫地说:"是我!"

我愣了一下,觉得不能让他当替罪羊,便说:"老师,是我。"

老师看我们态度好,都主动承担责任,就放了我们一马。

我的同座就是这样,招数多多,却又聪明、善良。和他同桌,总能让你快乐每一天。

"爱哭鬼"逸事

金玉华

提起我们班的"爱哭鬼",有着说不完的趣事。自从"爱哭鬼"转到我们班,我们班就再也没有安宁过。

有一次,"爱哭鬼"和另外两三个同学因为没做作业,被老师批评了一顿。"爱哭鬼"马上趴在桌子上,轻声地哭起来,像蚊子在嘤嘤地叫。

老师被"爱哭鬼"的举动吓了一大跳,稍后,老师镇定下来,安慰了他几句,"爱哭鬼"这才抹干眼泪。

老师开始上课了,"爱哭鬼"转过身和后面的同学说悄悄话,搞小动作。老师发现后,提了个问题叫"爱哭鬼"回答,"爱哭鬼"只知道和旁边的同学打"长途电话",根本没听课,当然回答不出所以然来。

老师吓唬他说:"你再讲话,下课后我打电话给你爸。"

闻听此言,"爱哭鬼"旧病复发,伤心地号啕大哭。这回任凭老师怎么劝,"爱哭鬼"也不肯停下来。一节课过去了,"爱哭鬼"还在哭。下一节课是班队课,直到上课,"爱哭鬼"还在流"水晶豆豆"。

哎,哄也不行,劝也没用,"爱哭鬼"的泪水

似三月里的小雨,淅淅沥沥下个不停。

为了调节气氛,我们班的幽默大王上讲台说了一个笑话,逗得大家哄堂大笑,"爱哭鬼"也在不知不觉中停止了哭泣,和我们一起捧腹大笑。

这时,眼尖的"大眼睛"周鹏发现"爱哭鬼"又流下了"水晶豆豆"。他想不通,就问"爱哭鬼":"你怎么又哭了?"

"爱哭鬼"笑着答道:"你懂什么,这可是'高兴之泪'。"

"高兴之泪?"

"这你就不懂了,'高兴之泪'是因为太高兴才流下的眼泪。"

"哦,伤心要哭,高兴也要哭。"周鹏摸摸脑袋,还是搞不明白。

这时,幽默大王又讲了一个笑话,大家笑得更厉害了,"爱哭鬼"更是笑得前俯后仰,差点滚到地上去。哈哈,"爱哭鬼"成了"爱笑鬼"。

谁知好景不长,只一会儿的工夫,教室里就又响起了哭声,大家循着声音都把目光集中到了"爱哭鬼"身上。我们问他为什么哭,他说:"我……我……一想到今天……老师会打电话向我爸告状,就想到我要受皮肉之苦了……"

"嘿,我以为是什么大事,不就是让爸爸打几下嘛,我早习惯了。"调皮大王沈峰说。

"可……可是我怕疼。"

"怕疼就乖点嘛。"有同学说。

你看,放学了,"爱哭鬼"还在哭,他的泪水

呀真是一发而不可收。我真担心,有一天"爱哭鬼"的眼泪会流光。

不过,大家还是挺喜欢"爱哭鬼"的。一来是现在这么爱哭的人挺少见的,"珍稀动物"嘛,值得保护。二来是"爱哭鬼"其实有颗很善良的心,他乐于助人,对谁都很温柔,你要想借点东西,找"爱哭鬼"准没错。另外,他的学习很好。

久而久之,同学们谁也不会视"爱哭鬼"的哭声为噪音了,相反,如果哪一天"爱哭鬼"的哭声消失了,大家反倒觉得挺别扭了。

只是,你要记牢,千万别带"爱哭鬼"去看《妈妈再爱我一次》这类的电影,如果他去了,他的眼泪没准会引发一场城市大洪水。

说了半天,"爱哭鬼"是谁呢?他就是我们班的李佳强同学,他是一个小小的男子汉。听到这里,你一定大跌眼镜吧?眼泪天生就是和女生打交道的呀,怎么摊上一个男生了呢?就是嘛,否则,我干吗称他为"珍稀动物"呢?没办法,他就是爱哭嘛!

听,"爱哭鬼"又在哭了。

魅力解读

真是想不到啊,"爱哭鬼"原来是一个男生!本文在写法上很有特点,前面设下一个大悬念,让人饶有兴趣地读,最后,才揭开谜底,告诉你"爱哭鬼"是谁,构思很巧妙。行文中,作者写了"爱哭鬼"貌似烦人的"哭"之后,笔锋一转,写了他的可爱之处:善良、乐于助人、学习好。这样,我们看完这篇故事后,不由得会心一笑。人总是有缺点的嘛,李佳强同学就是一个爱哭的可爱男生。

我的同桌马小跳

朱娇娇

唉,这个学期老师竟让我和调皮大王马小跳同桌。这家伙怪招层出不穷,让人防不胜防。不信,你看——

我正聚精会神地听课,突然,胳膊被人推了一下。

我扭头一看,差点没吓趴下:马小跳不知从哪儿弄来一只猫,这时,他正两手抓着猫爪子歪头斜眼地冲我冷笑呢,那种狰狞的表情真让人毛骨悚然。

看我吓得直哆嗦,他竟开心地笑了起来,你说气人不?

中午练字时,我打开文具盒,里面竟莫名其妙地多了一块黑色的"橡皮"。

我刚要拿起来看,突然,"橡皮"长出了头、脚,吓得我一激灵——原来是一只被马小跳化过妆的小乌龟。

后来,我的书包里、文具盒里,经常会出现小青虫、玩具蛇等让人胆战心惊的东西。有时,我弯腰捡地上的东西时,会莫名其妙地被人拔头发;有时,我回答完问题坐下时,时常会得到屁股开花的"奖赏"……不用说,这些都是同桌"杰作"。

马小跳虽然"皮"得要命，他也有优点。例如，看见同学有困难，他是不会不管的。

一次放学的路上，天突然下起了大雨，我没带伞。正好被他看见了，他不由分说就把手里的伞塞给了我，自己却顶着书包冲进了雨中，成了落汤鸡。

这就是我的同桌马小跳，是一个让人既讨厌又喜欢的同桌。

魅力解读

作者对马小跳的直接描写并不多，但借助于"我"对自己"不幸"遭遇的描述，将他调皮的性格表现得淋漓尽致，手法很特别；后文转换角度，写同桌关心同学的行为，使人物形象显得真实而丰满。

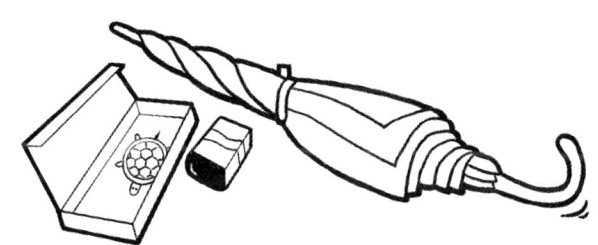

"名将"汇聚"好汉"班

肖 宜

我们班人才济济,可以毫不夸张地说,真称得上"好汉"班。

"丁零零……"清脆的预备铃声响彻整个校园,校园里的气氛顿时活跃起来,各班的教室里都传出悠扬的歌声。我们班的文艺委员刘沁也不甘示弱,只见她眉毛一扬,眼睛一眨,小巧的嘴巴里便跳出了一个个动听的音符,宛若溪水在深谷里回荡,又好似一根轻盈的丝绸在牵动着我们的心。

我们都陶醉了,入神地欣赏着她的歌声。有人微闭双眼,侧耳倾听;有人安静地看着她,心在随歌舞动;更有甚者,伏在桌上几乎快睡着了。

突然,悦耳的旋律变了个调,来了个180度的大转弯,只听见讲台上的刘沁喝道:"怎么只有我一个人唱?"

全班皆晕!

一进教室,前排的那位矮个同学——关仲,你看见了吧?别看他其貌不扬,他呀,读的书可真多。上至天文,下至地理,无一不读,无一不览。据说他能倒背唐诗,横背宋词。虽然年纪轻轻,但读书早过了万卷大关。

我心有不服,可自由写作时,他的一篇很大

气的《气吞山河》，把我的小样儿《流星雨》压得都趴在地上了，真让我"悲愤"不已。

你一定注意到教室后排那位神采飞扬的陈琦吧？他高高的鼻子下，有一张小小的嘴巴，别看它小，可真是能说会道，号称"天下第一快嘴"。他的演说，我们都佩服得五体投地，连一向不服人的巧嘴王雪也自叹不如。

这不，刚一下课，语文谢老师听他说了一段，就笑得直不起腰来，同学们更是笑得前俯后仰，他却还一本正经地说个不停。说实话，他的口才超级棒，长大了如果不去当律师，那真是我国律师界的一大损失。

谁说女子不如男？那个走路时马尾辫一甩一甩的女将胡月可了不得，在去年学校的田径运动会中，她大显神威，把女子跳高、50米跑、800米跑的金牌轻而易举地都变成了自己的囊中之物。只可惜呀，每个人只限报三个项目，要不，她定能包揽所有项目的冠军。

认识了这些"名将"，你是不是有些望尘莫及了？其实，我们班的"名将"还多着呢：诗人汪一、天才小画家邓经榕、二胡手李珊仪、数学家王润风、朗诵家张磊、舞者夏越、长跑冠军徐贺贺，等等。

瞧我们这"好汉"班，"名将"够多的吧。

魅力解读

四位"好汉"，各具风采，真应了"人才济济"这句话。常言道："寸有所长，尺有所短。"作者发现了伙伴的特长，并以此作为切入点，材料很典型，加上生动形象的描写，给人留下很深刻的印象。你们班都有些什么"名将"，他们各具什么风采，你敢拿出来比一比吗？

有趣的"疯羊"

唐丹阳

他叫羊锋,同学们却都叫他"疯羊"。说他有趣,一点儿也不假,不信你看——

上课铃响了,老师对大家说:"同学们好!"头脑不清醒的"疯羊"大声地应道:"老师再见!"惹得大家哈哈大笑。

说起来"疯羊"挺聪明的,他的成绩也不错。有一回上语文公开课,老师问谁来给"禁"这个多音字组个词,"疯羊"抢着说:"老师,我来!"老师微笑着点点头。

"疯羊"站起来,答道:"禁(jìn),禁止;禁(jīn),情不自禁。"

老师说:"很好!"

"疯羊"向大家鞠了个躬,说道:"多谢,多谢!"

老师也搞笑地说:"不客气,不客气!"

师徒俩一唱一和,大家都捂着嘴笑开了。

平时,"疯羊"是一只很爱美的小羊。要上课了,他常把头发弄得向上翘,并问大家:"我帅不帅?"有时,他会在同学们面前耍几下太极。见老师来了,"疯羊"也不慌,他会问老师:"老师,我酷吗?"老师随口夸赞了他几句,他就把手一挥,说:"鼓掌,鼓掌!"那样子简直得意忘形了。

要说"疯羊"最大的优点,当数他乐于助人了。

有一次,班上有个同学生病了,整天躺在宿舍,还想家。"疯羊"知道后,每天放学都到宿舍去看他,送菜送饭,还经常讲一些令人捧腹的笑话。

不久,这个同学的病好了,他的父母向"疯羊"道谢,"疯羊"说:"不用谢,过些日子,我就改名叫'雷锋'了。"说完,他便大笑起来。

这就是逗同学们开心的"疯羊"。

魅力解读

"疯羊"这孩子的特点可真不少,他风趣、聪明,还爱美呢,当然,他最大的优点是——乐于助人。人物的这些特点通过一些典型的材料,得到了活灵活现的展示,其中,那些精彩的"疯语"很有个性,对于塑造人物形象起到了很重要的作用。

我班的"唐僧师徒"

张晓燕

唐僧师徒成佛后,住在天宫,可不知什么时候,这四个人来到了我们班。

二师兄"猪八戒"是四个人中最有特点的。他长得肥头大耳,膀阔腰圆,就连那双手也是胖乎乎的,摸上去,手感可好了。他的大腿,简直可以和大象的腿相提并论。他走起路来摇摇晃晃的,全身的肥肉跟着一抖一抖,可有趣了。

"猪八戒"真是好吃懒做。有一次,我们班举行炒菜比赛,菜做好以后,老师让大家品尝时,同学们一拥而上。"猪八戒"仗着自己人高马大,很快就挤进人群,他把旁边的同学推了个趔趄,自己的两只手以迅雷不及掩耳之势伸向盘子,抓了几只大螃蟹,嘴里还叼了一只,就躲到一边大吃起来。

体育课上,他跑不了几步就气喘吁吁;我们练跳高,他就躲到一边睡大觉。这个"猪八戒",就是我们班赫赫有名的陈伟同学。

说起他的大师兄"孙悟空",那可是一个非常好动的家伙。他长得尖嘴猴腮,真像花果山上的猴王。他是一个聪明绝顶的同学,一搔头皮,难题就会迎刃而解。不过,要是他没事儿做,就喜欢去碰碰别人,逗人玩。要让这只"猴儿"坐上半小时,他准坐不住,他就是沈骏同学。

"沙和尚"当然就是张志强同学了。你看他，脸黑黝黝的，头发自然卷曲。他最大的特点是忠厚老实，对二师兄"猪八戒"可谓忠心耿耿，只要是二师兄的吩咐，即使"上刀山""下火海"，他也在所不辞。

他们的师傅"唐僧"可是我们班的大帅哥，他剃着平头，有着女孩儿般细嫩、光滑的皮肤，他就是陈晓华同学。作为副班长，他在我们班很有威信，因为他常调解同学之间的纠纷，善于把大事化小、小事化了，怪不得他的三位"高徒"都敬他三分。

由于"唐僧师徒"的光临，我们班常发生一个又一个有趣的故事，有空儿我接着给你讲。

魅力解读

《西游记》中的唐僧师徒我们可是都知道的，想不到，作者的班上也有"唐僧师徒"，好丰富的想象力呀。故事中，作者通过对人物的相貌、动作、行为等方面内容的描写，把"猪八戒""孙悟空""沙和尚""唐僧"四个同学的特点写得很鲜明，其中，既有《西游记》中人物的影子，又有人物自身鲜明的个性，读来如见其人。

妙手吴

程妤露

  吴寅是我们班一个可爱的男生,同学们都戏称他为"妙手吴"。

  这天下课时,他神秘地对我说:"看着吧,等上课了,你看我的。"说完,他朝自己同桌抽屉的方向一指,我心领神会,暗想又有好戏看了。

  上课了,"妙手吴"挺着腰背,正儿八经地在听老师讲课,他的手却不安分,偷偷地摸进同桌徐淑敏的书包里。停了一下,嘿嘿,准是摸到了什么。一抽手,东西到手了——是眼镜盒、安逗和黑仔。他挥手示意,让后排的我们看。我们想笑,又不敢,怕被老师和徐淑敏发现。

  过了一会儿,徐淑敏要把自己心爱的安逗和黑仔拿出来透透气,可是,她怎么都找不到。看到她着急的样子,吴寅笑得合不拢嘴。徐淑敏开始怀疑他了,便追问他,可他就是不承认,最后,在她的"拷问"之下,他才乖乖地交出了"赃物"。

  下课了,他又要实施自己的"天才搞怪计划"了。趁徐淑敏系鞋带之时,他以迅雷不及掩耳之势,将她的铅笔盒放到了黄兆辉的桌子上。徐淑敏发现自己的铅笔盒不见了,便又怀疑是吴寅干的。吴寅装着一副受委屈的样子,并故意朝黄兆辉的桌子上望了望,接着,惊叫道:

"看,你的铅笔盒在那儿呢!"徐淑敏朝他指的地方看,果真有她的铅笔盒。徐淑敏虽感到纳闷,但还是说了声"谢谢",乐得吴寅笑岔了气,捂着肚子直叫。

吴寅不仅爱搞怪,他对电子百拼和陶泥也有一手。电子百拼的零部件在他手上,只要十秒钟,就能拼装成功,保准让灯亮起来;一块冷冰冰的陶泥在他的巧手中,也能变出各种栩栩如生的童话人物。

瞧,这就是爱搞怪、手又巧的吴寅同学。你一定很想和他交朋友吧?不过,当他的同桌或"街坊四邻",可要小心啊!

魅力解读

作者擅长通过人物的语言、动作、神态等来刻画人物形象,使得人物形象栩栩如生。"妙手吴"这个形象塑造得果真如其名,作者在描写该生的动作时,花费了一番心血。作者还通过写其他人的反应,来衬托吴同学的"妙手"之妙,这种写作手法令人拍案叫绝,这样的侧面描写更加体现出作者高超的写作技巧。

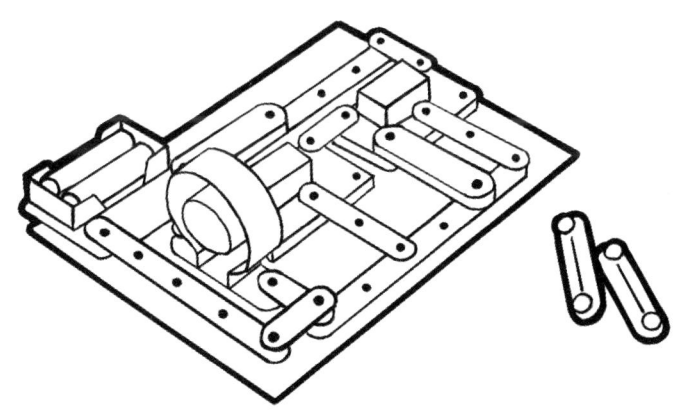

绝对先生

陈 奎

我们班里有一位"绝对先生"——岑成。岑成讲话老爱加"绝对"二字,时间长了,同学们就叫他"绝对先生"。

一天中午,我远远看见岑成和赵静在一起,嘴里还叽里咕噜地说些什么。我很好奇,便径直走了过去,原来岑成在帮赵静"鉴定"课堂作业。

"绝对先生"看到第三题的时候,指着那道题"义正词严"地说:"这道题错了,绝对做错了!"

赵静听了,拿起橡皮就擦了起来。我的脑袋向前探,看见被橡皮擦掉的痕迹上隐约写的答案是"260 人"。

咦?我记得自己这题的答案也是"260 人"呀,难道也是做错了?想到这儿,我急忙来到座位上翻开作业本,经过反复检查,我怎么也找不出错来。

无奈之下,我去问岑成。

这时的"绝对先生"正跷着二郎腿,在悠闲地看着书呢。我说:"岑成,请把作业本借我看一下!"

"绝对先生"挺大方地把作业本递给了我。我一看,哎,题目中的数字是"216",岑成在列算

式时却写成了"261"。

我指着写错的数字问岑成："原因你应该找到了吧？"

"嗯！""绝对先生"点点头，边改边说，"原来是我的错了，这真是'绝对'错了。"

类似的事情多了，我对"绝对先生"的话也绝对不深信不疑了。

看来，有时，我们也要"绝对"相信自己的判断力。

魅力解读

这位岑成同学，可谓个性鲜明，作者就是抓住人物的这个特点——讲话老爱加"绝对"二字进行描写。角度新颖，事例典型，语言活泼，描写细致，内容真实可信，非常贴近小学生的学习生活，读后，能够让人感受到浓郁的校园生活氛围。

他真逗

任晓瑜

圆鼓鼓的身子,西瓜似的大脸庞,小而有神的眼睛,他就是我们班新转来的同学——尚君。

尚君的到来,为我们班增添了不少的乐趣。

就说那次体育课吧,老师让我们蹲马步、立定跳远,尚君一出场,就惹得大家哈哈大笑。看他跑步的样子,摇摇晃晃,跟跟跄跄,活像南极的优雅宝贝——企鹅。

这还没完呢,才跑没几步,他脚底就打起了滑,摔了个狗啃屎,爬起来一看,满嘴都是沙子。这一下更是把同学们逗得前仰后合,有的捧起了肚子,有的在操场上直打滚,尚君自己也不好意思地笑了。

"尚君开演唱会了,尚君开演唱会了!"这天下午,我还没进教室,就听见一阵吆喝。

演唱会?尚君?这倒是件新鲜事儿。我赶紧跑进教室,只见教室中央,两张课桌拼在一起算是舞台,尚君站在课桌上,一本练习簿卷成筒状凑在嘴边,算是麦克风。看那尚君,尽管五音不全,唱得却很投入。舞台下观众不少,掌声、喝彩声响成一片。

上课铃响了,尚君仍然沉浸在歌星的感觉中不能自拔。

老师进了教室,尚君还正唱得欢呢:"栀子

花开呀开,栀子花开呀开……"

"该谢了!"老师不紧不慢地说了一句。

尚君发现老师来了,脸一下子红了,急忙扔下"麦克风",扭动着肥屁股下来了。教室里又是一阵哄笑,老师也忍不住笑了。碰上这么逗的学生,老师大概也不会生气吧。

魅力解读

尚君之逗,逗在胖胖的长相,逗在笨拙的动作;故事之逗,逗在传神的描写,逗在幽默的语言。逗人写逗文,焉有不逗之理?还有老师那一句不紧不慢的"该谢了",呵呵,那位老师也逗得很啊!

搞笑男生

韦金晶

在我们班,爱搞笑的都是 boy。现在我介绍几个最搞笑的,让你乐一乐。

先讲一个漫画星——唐晨曦吧。他画了一幅名叫"红色闪电"的画,看,身着红色运动衣的那位黑头发黄皮肤运动员,他的眼睛好似铜铃,双脚踩着风火轮,跃过跨栏,光速般地向前冲。你猜他是谁?他就是刘翔,就连三岁小孩都知道。一枚长了双翼的金牌向刘翔飞去,边飞边说:"刘翔,刘翔,I love you!"身后的黑人运动员大吃一惊,嘴巴大得可以塞下一个足球,眼珠像弹簧一样蹦了出来,两腿发软:"Oh,My God,一个中国飞人!"怎么样,这幅漫画令人叫绝吧,唐晨曦不愧是个漫画家吧。

我们班还有一个笑星,叫"肥牛"。"肥牛"就是宁杰,这个外号不是别人给取的,是他自己取的。拿自己开涮,你说他这人是不是有点与众不同啊。

一次课前,老师还没来,全班吵哄哄的,班长也拿我们没办法。突然,她想到一个妙计,要班上的幽默大王讲个笑话。果然,"肥牛"一上台,教室里立马静得连针掉到地上的声音都听得一清二楚。

"一个画家到乡下去写生,肩上背着一个画

箱。一群乡村小孩儿跟在画家后面,叽叽喳喳地议论:'他是卖货的。''他一定是卖好吃的糖果的!''他一定是卖玩具的!'画家听了很生气,打开画箱,孩子们看到了一排排的颜料。画家说:'知道我是干什么的吧?'你猜孩子们说了什么?孩子们异口同声地说:'啊,原来是卖牙膏的!'"

"哈哈哈哈——"全班哄堂大笑。

对了,我们班还有个歌星——"周杰伦"。你可别以为他与歌星周杰伦同名同姓,他叫张扬,人和名一样,喜欢张扬。现在,同学们都忘记他叫张扬了,都叫他"周杰伦"。他之所以能够得到这个名字,还有一个缘由。张扬的偶像是周杰伦,天天都非听他的歌不可。一次,张扬在美术课上用耳机听歌。突然,耳机不听话地溜了出来,里面传出了周杰伦的《夜曲》:"为你弹奏肖邦的夜曲,纪念我死去的爱情……"

美术老师阴沉着脸说:"张扬,起立,上课竟敢唱歌,小小的年纪就想着谈情说爱,去,给我面壁思过!"

张扬反驳道:"老师,不是我唱歌!"

"哦,那是谁?"老师反问。

张扬大声地说:"是周杰伦唱的!"

老师一本正经地说:"周杰伦,给我去面——壁——思——过!"

"哈哈哈……"全班一阵哄堂大笑,老师则一脸似笑非笑的神情。

通过这事,张扬就有了"周杰伦"的雅号。

这就是我们的搞笑男生,够可乐的吧?

魅力解读

这是一篇人物小特写,写得诙谐幽默,形象生动,令人过目难忘。

窍门何在呢?从小事中描写人物、从侧面刻画人物形象,是关键。文中共写了三个人物,都做到了详略得当。在描写人物总的性格特征时,一句带过,然后,浓墨重彩,通过一件小事,来表现人物的性格。如此一来,人物形象便不会显得空洞了。

我们班里的"三大天王"

黄沈懿

我们班里有许许多多的"小天王",其中,有三个人见人怕的天王。他们是谁呢?嘿嘿,不告诉你。

"三大天王"的名号可不是白来的,那可是经过班里几个有头有脸的人物评选出来的哟,我们班的同学几乎人人都领教过他们的厉害。

"吃饭天王"

我们班的吃饭天王对其他啥都不感兴趣,对吃饭却情有独钟。平时,他老说没吃饱,可看他的肚子呀,简直就是放了个大西瓜。

"乌达达,路达达,啊猪达!"一听就知道,吃饭了。今天吃什么?啊,又是咸菜!他却说:"咸菜好,咸菜好,你不要给我啊!"

盛饭时,他对盛饭的同学说:"我自己来!"说着,他伸出肥肥的手,一下子把两三个人的饭盛了去,我们都看得目瞪口呆。接着,他把汤倒入饭里,拌了拌,就大口大口地扒拉起来,那吃相,就像饿虎遇到了一块肉似的。他的勺子是大号的,只见他铲起一勺饭,张开"血盆大口",一口下去,勺子上一粒饭也没留,只听到一阵咀嚼的声音。这样还不过瘾哩,他干脆脸朝天,把饭往嘴里倒。

"奥数天王"

他的数学很好,据知情人士透露,他天天去老师那里学习,风雨无阻,怪不得他从"数学门外汉"一下跳到了年级的 No.1。

他在年级的奥数比赛里超越了连续三年拿第一的那个同学,同学们不得不对他肃然起敬,一个个拜倒在他的牛仔裤下。

"捣乱天王"

我们班的"捣乱天王",那可不是吹的,老师们常常被他捉弄,都拿他一点办法也没有。

有一次,上数学课,老师在黑板上写字,他在和一个同学打手语,还做鬼脸,把大家逗得哈哈大笑。老师转过身来,大概明白了些什么,走到他旁边,对他说了些什么话,并帮他整理好了铅笔盒,只听他大叫一声:"奥特曼,求救,我遇到了超级怪兽!"顿时,全班大笑,课堂不像课堂,倒像在看小品似的,老师气得直跺脚,最后新知识一点没讲。

给你介绍那么多,你一定会问,他们是谁,叫什么。告诉你,他们其实就是一个人,此人名叫费昊天,这三个顶级封号都是他的。怎么样,佩服他吧!

魅力解读

这个故事真有趣。首先,构思巧。刚开始,我们以为写的是三个人物,看到最后才知道,呵呵,原来这"三大天王"就是一个人。恍然大悟之际,我们感觉——有趣。其次,选材新,作者所写的这个人物相当不一般,不光学习厉害,而且吃饭厉害,捣蛋还是一流。这么一个有个性、有特点的人物一出来,我们的眼球都被牢牢抓住了。目瞪口呆之余,我们感觉——有趣。第三,写法妙。作者采用漫画式的笔法,以幽默夸张的语言,把人物的特点活灵活现地描绘出来,形象鲜明,妙趣横生。我们在大笑之余,不禁夸一句:有趣!

我的冤家同学

黄　睿

真不知道我上辈子作了什么孽,竟然和她同桌。要知道,跟她同桌无异于跟魔鬼同行。

通常,我们之间会发生一些小的"战争"。例如,我说她是"黑白无常"中的一个,她却笑嘻嘻地回敬一句:"那你便是另一个。"

啊?

我们之间的小战争每次都是以我的失败而告终,这时,她就会笑得像一朵花,是在秋风中凋谢的野菊花。

我的同桌很风趣,不过有时很健忘。

有一次,刚上完电脑课回到教室,因为电脑室里有空调,她一进教室便大叫:"靠开关的那个同学,开空调!"

那个同学有点糊涂了,诧异地看着她。

我用很尊重的口吻说:"我的大姐,我们的教室里只有风扇,没有空调!拜托,看看你头顶上的是什么吧。"

她却用教训的口气对我说:"在我的字典里,风扇就是空调,但空调不一定是风扇!"

这是什么道理? 为什么总是我输!

还有一次,上英语课,老师教我们学音标,其中有一个概念叫爆破音。下了课,我问她英语中的爆破音怎么读,她就用极其标准的爆破

音,再加上纷飞的唾沫,用尽力气吐出了几个字:"吃葡萄皮不吐葡萄……"

刚说完,她觉得不对劲儿:"怎么吃葡萄皮了?"于是,她立刻改正:"吃葡萄不吐葡萄皮!"

我真是服了她了,喷了我一脸的口水,从此,我再也不敢惹她了。

有一天,"魔鬼"突然变成了"天使"。

那天,我在操场上摔了一跤,手掌血迹斑斑的,她急急忙忙地叫卫生委员把药箱拿来,又慌慌张张地帮我涂药水。看她的样子,好像比我还疼,比我还急。涂完药水后,她又帮我吹伤口。

我不解地问她:"你为什么突然变得这么好了?"

她不假思索,竟说出一句:"为了让你再捉弄我时感到愧疚!"

啊?

这就是我的冤家同桌——方丽莎,她既幽默又乐于助人。

魅力解读

黄睿同学,你怎么变成一位幽默大师了?材料鲜活,内容有趣。具体写时,采用悬念法开头,接下来,借助于细致的描写,写了一位风趣、健忘又调皮的同桌的风采。其中,充分运用语言描写及神态描写,使得人物形象鲜明生动。

调皮的同桌

张新增

汪龙是我的同桌,他个头不高,瘦瘦的,杏仁状的小脸蛋上总挂着甜甜的微笑,一双乌黑的大眼睛看起人来滴溜溜地转。课间,他常扮成孙悟空,拿老师的教鞭当金箍棒耍,神气活现。

一天早读课上,梁欣在班上捣乱,我到班主任那儿告了他一状。他怀恨在心,一下课就来找我算账。

他用一支活动铅笔对准我,龇牙咧嘴地说:"张新增,看你还敢告状?"

我是班上最矮小的同学,哪敌得过他。

我正要退缩,汪龙如猛虎下山一般冲到我的面前,把我往身后一推,对梁欣说:"俺老孙在此,哪路的妖孽,竟敢在此作怪?"

于是,梁欣又把他的"核弹头"瞄准了汪龙。

"你有武器,看俺老孙拿金箍棒来。"说着,汪龙大步流星地就往班上的卫生角跑去。

梁欣以为汪龙逃跑了,洋洋得意,扬言要狠狠地收拾我。就在这时,汪龙又杀回来了。他扛着一把扫帚,眨了眨眼,风趣地说:"俺老孙没找到金箍棒,从俺兄弟八戒那儿借来了打妖怪的耙子。"

说时迟,那时快,汪龙的"耙子"就向梁欣

劈去。

梁欣躲闪不及，扫帚上的泥水洒了他满脸。梁欣用手一抹，顿时，他的脸成了花脸雪糕。

大家看了梁欣的狼狈相，一个个捧腹大笑。汪龙又搔了搔头，学着孙悟空的样子，大声吆喝："有俺老孙在此，谁敢乱动！"

看，我的同桌够调皮的吧？他的调皮，给我们带来了不少的乐趣。他常用这种方法来保护我，我真的很感激他。

魅力解读

作者向我们介绍的同桌是一个机灵、调皮又颇富正义感的小顽童，对了，在作者的班上，还有一个"怀恨报复"、恃强凌弱的"小坏蛋"梁欣呢。虽然着墨不多，但语言生动，描写细致，这两个人物形象都很鲜明。看，同学们的校园生活多丰富！

我的同桌有特点

杜晓龙

魅力解读

作者的这个同桌真是有特点,他又胖,又聪明,还有那么一点的自信。故事中,作者抓住同桌一系列的动作("站""挺""挪动""迈""走""看看""说")和语言进行正面描述,再通过同学们和听课老师的反应以及自己的内心活动进行侧面烘托,二者相映衬,趣味十足,把同桌聪明、幽默的特点刻画得活灵活现。

我的同桌王晨很有特点。

首先,他长得很胖,眼睛很小,头却很大,他是我校有名的"大头三人组"的成员之一。

表面看,他有点儿傻乎乎的,有时上课迟到了,进教室时,他就像小偷一样鬼鬼祟祟的,逗得同学们直想笑。其实,他非常聪明,什么难题都难不住他,课堂上,回答问题时,他的回答总是很精彩。

有一次,学校搞公开课评比,老师要求我们以"我"为题目到讲台前做口头作文。

同学们都还在冥思苦想时,王晨就站了起来。他挺着将军肚儿,挪动着胖胖的身子,迈着八字步,走到讲台前。他四下看看,然后,慢腾腾地说:"我叫王晨,是全校最胖的同学。能占上一个'最'字,我为自己感到自豪。平时,走路时,我喜欢走'八字步'……"说着,他竟迈开双脚走了几步,那样子可笑极了。同学们看了,忍不住哄堂大笑,连听课的老师们也都笑了起来。

我想,这下可糟了,他出了洋相,我们的老师肯定得不到这次公开课的好名次了。最后的结果出乎我们的意料,我们的老师竟得了第一名,这其中大概也有王晨同学的功劳吧。

这就是我的同桌,一个既胖又很聪明的小男孩。

爆笑派之二：教室奇闻录

在我们班，有一件事情让我十分头痛，那就是关于"老杜""小杜"和"阿杜"的区别。不过，可不是唐朝诗人杜甫和杜牧的区别，而是我和同学杜奕侃的区别。

"老杜""小杜"和"阿杜"

杜荧欣

在我们班,有一件事情让我十分头痛,那就是关于"老杜""小杜"和"阿杜"的区别。不过,可不是唐朝诗人杜甫和杜牧的区别,而是我和同学杜奕侃的区别。

我和杜奕侃同龄,只是我的出生月份比杜奕侃小,再加上个头也比他低,同学们就称杜奕侃为"老杜",称我为"小杜"。一开始,我们还为有这样的称呼欢天喜地,可接下来闹出的一些笑话就让我们对这称呼感觉不爽了,并且希望让这称呼销声匿迹。

有一次,杜奕侃生病了,他爸爸接到老师的电话,急忙来接他。杜奕侃的爸爸还没有进教室门,不知谁先得到了风声,就急匆匆地跑到教室大叫:"老杜,老杜,你爸爸来了。"

"老杜,怎么这么没有礼貌?你们应该叫我叔叔。"杜奕侃的爸爸一进教室就嚷嚷开了。

顿时,教室里就炸开锅了,大家七嘴八舌地解释起来。为这事,有同学说,我们不能这样叫了,下次改叫"阿杜"吧。

一天傍晚,我正在教室埋头写作业,只听见一个同学叫:"阿杜,去吃饭了。"

我头也不抬地连忙答应:"嗯,嗯,就来。"等我抬起头才发现,这个同学不是叫我的,我尴尬极了。这个同学也发现了我刹那间的尴尬，就连忙对我说："也包括你。"这才化解了一场面子危机，于是，我们三个人手拉着手朝学校的食堂走去。

一次课外活动，我和杜奕侃下象棋。看棋的人渐渐地多起来，不知谁说了一声："阿杜，加油！"我们两个不约而同地看着这个同学，不知道他在为谁加油，于是，谁也没敢吱声。

一会儿，我俩杀得难解难分。就在这时，又不知谁说了一句："阿杜，走炮，必胜！"当时，正是杜奕侃走棋，他相信"旁观者清"，就立马走炮。事实上他上当了，还没走几步，我就拿下了这局。

杜奕侃很急，连声大叫："拿后悔药来，拿后悔药来。"

后来，大家干脆就都直呼其名了。只是每当同学们叫"杜荧欣"或是"杜奕侃"时，我俩都感觉不太适应，好像总觉得缺少点什么。

魅力解读

同学间相互起绰号、叫昵称，在学校里面可不少见，很多小伙伴都觉得，这样称呼既有趣又亲切。作者和他的朋友却因为昵称而遇到了麻烦，先是让同学的爸爸产生了误会，后来，又由于昵称闹出了很多笑话。看来，昵称叫不好也是要出乱子的。

歪打正着

郑 楠

下午的最后一节是体育活动课,我打完篮球,回到教室,教室里已经空无一人。我边收拾书包边看黑板上的作业,只见黑板上写着:"今晚的作业:作文一篇,题目是学会了打架。"

我不由得乐了,老师怎么布置这样的作文啊?

回到家里,面对题目,我百思不得其解,真不知道老师葫芦里卖的是什么药。或许是老师觉得这学期我们班的同学打架现象比较严重吧,或许是……唉,圣意难测,师命难违,就写那次和曾亮亮打架的事吧。

第二天早晨,我一来到教室,就问同桌张小飞:"昨天的作文怎么写啊?老师竟然让写'我学会了打架',打架还用学吗?"

我的话还没说完,张小飞就像鸭子一样大笑起来。我也跟着嘿嘿地笑起来,可那小子越笑越夸张,根本就没有停下来的意思,还用手指着我,不断地说:"笑死我了,笑死我了!"

我被他笑得莫名其妙,打他一拳说:"兄弟,没那么好笑吧。"

"你还真写'我学会了打架'啊?那本来是一篇半命题作文题,'打架'两个字是捣蛋鬼占云峰补上去的!"说完,他又是一阵大笑。

"啊?"这可怎么办呢?我急得像热锅上的蚂蚁。就在这时,科代表来收作业了,我只好把作文本交给了她。

整整一个上午,我的心里都像十五个吊桶打水——七上八下的,忐忑不安。下午,作文本发下来了,我迫不及待地打开本子。"啊?A⁺!"我简直不敢相信自己的眼睛。

一会儿,老师开始讲评作业了:"昨天的作文,大多数同学都是写我学会了做饭、炒菜、洗衣服,老调重弹,缺少新意,有几位同学就与众不同,如钟华同学写'我学会了自信',曾远飞同学写'我学会了网上冲浪',郑楠同学写的则是'我学会了打架',这些作文材料新颖,值得表扬。"

嗨!

魅力解读

意料之外,又在情理之中。同学的一个恶作剧,让"我"迷糊了一晚,忐忑了半天。感谢老师慧眼识金,竟让"我"惊喜异常,真是应验了"歪打正着"这一说。仔细想想,在同学们的成长历程中,有多少值得回味的事情呀!这篇故事很有特点,事情虽小,但记叙清楚,且一波三折,这与作者对人物的言行、尤其是对人物内心感受的细致描写是分不开的。

眼神来了,小心

李 佳

眼睛是心灵的窗户,那么,眼神是什么,你知道吗?让我来告诉你吧,眼神呀,是几把锋利无比的"刀子"。眼神来了,你可要小心哦。

先说"第一把刀",那就是政教主任的眼神。她主管全校学生的纪律和卫生工作,虽然年近五十,但总是精神抖擞,她的眼神犀利得连地缝都藏不住一根针。如果她的眼神远远地向你射过来,你可要小心啊,你得时刻提醒自己:脚步轻一点、慢一点,表现好一点。否则,哼,后果你自己想去吧。

再说"第二把刀",那就是英语老师会"骗人"的眼神。就连平时天不怕地不怕、勇于发言的我,一到上英语课,就蔫儿了。虽然经历过无数次痛苦的折磨,可是,"江山易改,本性难移",我总爱在没人举手的时候站起来回答问题。

"选 C。"我自信地说。

英语老师那高深莫测的眼神慢慢从试卷上移到我的身上:"你确定选 C?"

"呃……选 A!"看着英语老师脸上渐渐浮起的笑容,我心中暗喜:"小命保住了。"

"C 是正确答案。"英语老师语气坚定地说。

我晕!

"第三把刀"当然是我们班主任那凌厉的眼

神。他眼镜片的后面,有一双水汪汪的大眼睛,经过凹透镜的折射,这眼神甭提有多凌厉了,简直是"杀气腾腾"的。

上课的时候,他一边在黑板上画着几何图形,一边用眼角的余光扫射全班。突然,他那双大大的眼睛从镜片上方放出一道激光,直射到最后一排正在抠指甲的小A身上,大家也都屏气凝神,齐刷刷地把目光投向小A。突然的寂静让小A不知所措,他紧张得都不知道该把手放哪儿了。唉,小A啊小A,谁让你溜号了呢?

我们的语文老师则属于"笑里藏刀"型,那眼神就像是一把温柔的刀。你别看他平时总是笑眯眯的,眼睛里没有任何"杀机",不过你可别大意,那温柔的眼神一旦"杀"起人来,可不见一点血光。

他的口才极好,知识渊博,简直是上知天文,下知地理,说古道今,让你听得如痴如醉。你就跟着他的眼神走吧,无形的刀气已经彻底粉碎了你的精神意志,而你还浑然不觉,好惊艳的刀。

呵呵,怎么样?这几把"刀"够厉害的吧?

嘘,眼神来了,小心!

魅力解读

角度新颖,构思巧妙,将几位老师的特点用眼神来表达,给人耳目一新的感觉。作者笔下的老师各具特色:政教主任精明,英语老师幽默,数学老师凌厉,语文老师博学,这些特点统统在眼神中显现出来。观察细致,感受具体,描写生动传神,富有校园生活气息。

奇妙的演奏

施 艺

"今天,我带来了一架大风琴。"在活动课上,张老师得意洋洋地说。听了这话,同学们一下子伸长了脖子,眼睛瞪得大大的,迫不及待地想看看张老师的大风琴,更想听一下他的演奏,因为大家从没听说过张老师在音乐方面有超人的技艺。

张老师故作神秘,拉出几个同学,让他们站在讲台上,一字排开,让每个同学都把右手伸得老长。

讲台下的同学们看到这副架势,都哈哈大笑起来。张老师笑着说:"这就是我的大风琴,不错吧,我来试一下音色。"说着,他就重重地按下了"琴键"。顿时,一连串洋腔怪调都冒了出来。顾越的声音像一只垂死挣扎的小鸡,又尖又细。施泽天的"美声"似乎是野兽的哀嚎,而且余音袅袅,久久不散。徐林的样子最滑稽,他扮演的音符是"fa",所以,张老师一敲他的手臂,他就"fa",手还晃来晃去。周立齐没注意,被张老师"偷袭"了,他发出一声刺耳的尖叫,如鬼哭狼嚎。

听了这些"美妙"的音乐,张老师的眉毛皱在了一起,他喃喃自语:"这架风琴不合格,劣质,绝对劣质,我要退货。"

这时，一向大胆的周姝天同学站了起来，向张老师提出要求："老师，让我在你的琴上弹一曲吧。"张老师欣然应允。

周姝天就像个大音乐家似的，优雅地走上讲台，弹出一个优美的"so"，紧接着，疯狂演奏"so""mi""so""mi""so""mi""do"……周姝天一会儿跑到东边，一会儿跑到西边，她转来转去，累得上气不接下气。一会儿，她要踮起脚尖，去碰高高瘦瘦的施泽天的手，一会儿又弯下身子，去摸矮矮小小的顾越的手，而徐林这个怕疼的家伙，总是把手缩着，让人摸不到。一曲终了，周姝天累得一屁股坐在地上。音符们好像成心跟她过不去似的，五音不全，曲不成曲，调不成调，让她很难堪。

在大家的笑声里，周姝天摇摇晃晃地走下了讲台。

我的手也痒了，我也想体验一下这种奇妙的演奏是什么滋味，于是，我自告奋勇地走上讲台……

想听我的演奏吗？嘻嘻，暂时保密，除非你到我们班上来亲自感受一下。

魅力解读

故事中，作者颇为传神地描写了一场很有趣的课堂游戏。其中，老师的故作神秘，"音符"们发出的种种怪声，一位自告奋勇的同学的精彩表演，卖关子似的结尾，都让人捧腹。这真是一场奇妙的演奏，读后，令人难忘。

今日教室涨"洪水"

肖 典

别看这只是普通的课堂游戏,同学们可是当了真。说心里话,这么热的天,谁都想上台爽快一回,毕竟吃西瓜不像拔河那样要拼体力,也不像脑筋急转弯那样要动脑筋,但要在两分钟内吃下十几块西瓜,也确实不是件容易的事,尤其像我这样的纤纤女子。

在男同学与女同学两大阵营中,同学们为推选谁上台参赛争得面红耳赤。特别是女同学,平时什么场合的比赛都出尽了风头,这次也是一副冠军非我莫属的样子。男同学呢,更加不敢轻敌。女同学选将追求胖,理由是《西游记》中的猪八戒吃包子,不是一个一个地吃,而是一笼一笼地吃,胖子口大胃也大啊,得第一不在话下。男同学选将讲究个子高,理由是吃得多才能长得高。

不一会儿,结果出来了。男方的种子选手为"竹竿"曾心宇,配角为宁琰;女方的种子选手为"胖墩"朱敏,配角为彭杰。

比赛开始了,教室里热闹非凡,同学们有的拍桌子,有的直跺脚,有的大声呐喊,那阵势真要把天花板给掀翻了。

台上的四名选手多有趣啊,胖胖的朱敏捧着西瓜,弓着腰,左手一块,右手一块,口里的西

瓜还没咽下,又赶紧去咬下一块,嘴巴里塞得爆爆的,像一只鼓足气的大青蛙;"竹竿"曾心宇一点儿不严肃,他一边呼哧呼哧地咬,一边吃吃地笑,红红的西瓜汁不断地从嘴里喷出来,一不小心,西瓜汁钻进鼻孔,呛得"竹竿"眼泪都出来了。他用手一抹,满脸都是西瓜汁,成了花脸"和尚"。宁琰像功夫片里道行高深、武功盖世的大侠,他的神情非常专注。他不急不躁,不温不火,镇定自若,吃完一块拿一块,吃完两块,再拿一双,十几块西瓜很快就被他消灭得只剩一堆西瓜皮。彭杰呢,好像被人点了笑穴,咬上第一口后,嘴就再也合不拢了。你看,选手们的脸上、衣服上全是红红的西瓜水,讲台上、地上到处是红红的西瓜汁,教室里,"洪水"(红水)泛滥了。台下的同学尽管只有干咽口水的份,但都被台上同学的表现逗得捧腹大笑。

两分钟后,老师大声宣布:"停!"

打扫完"战场",同学们发现,大家期望值很高的"胖墩"和"竹竿"名落孙山,名不见经传的宁琰吃得又快又干净,得了第一名,男同学打了一场漂亮的反击战。

我们女选手虽然输了,但大家心里很不服气。毕竟,朱敏是凭印象选出来的,不像超级女声李宇春那样是PK出来的,不代表女生真正的水平。如果让本小姐上台,说不定表现会比朱敏理想。你们男生如果真有本事,让老师拉一车西瓜来,咱们再好好比试比试。

魅力解读

这个故事吸引人的地方有两点。一是场面描写相当精彩,有点有面,各具特色。"点"是对四名选手比赛时表现的具体描写,那些动作、神态描写非常传神,人物形象活灵活现;"面"是对比赛气氛的描写,通过概括地写赛前赛后和观赛过程中同学们的表现,渲染了比赛热闹非凡的气氛。二是语言很有个性,作者驾驭语言的能力相当强,常于轻松自信的表达中呈现出特有的幽默感,作者风趣、俏皮的个性也表露无遗。

满"城"尽是巧克力

吕泽超

星期三上午,金老师为了让我们一直紧绷的学习神经放松放松,特意让我们做了小游戏,来解解压:她将一些巧克力藏在教室的各个角落,让我们施展各自的本领,来找这些巧克力。

金老师一宣布这一消息,教室里便敲锣打鼓般地热闹起来。有的同学仿佛非洲土著,咿哩哇啦地乱叫,有的扭动起热情的鸭子舞,有的同学甚至跳到了桌子上引吭高歌。一时间,教室里鸡飞狗跳,群魔乱舞。

"好了,"金老师力拔千钧,一声大吼,"现在大家出去排队,我要藏巧克力了!"

于是,同学们立即撤离现场,来到走廊上。

尽管我们被"驱逐出境",但人人都是"身在曹营心在汉",恨不能立即溜回教室,探查巧克力的地理位置、经线坐标。

张德明就是这样想的,看,他开始行动了。只见他神色诡秘,伸长了脖子往窗子里看。一会儿,他又踮着脚,趴在窗下,眼观六路,耳听八方。以他为榜样,大家都学着他那贼眉鼠眼的样子,趴到窗下,偷窥金老师的行踪。一会儿的工夫,窗户上便布满了黑压压的脑袋。金老师见了,忙拉下窗帘,"哗"的一声,给同学们一个下马威。这时,大家只有"望窗兴叹"的份了。

终于，金老师满面春风地出来了，当门打开的一刹那，教室里立刻冒出一阵巧克力的香味，十里飘香，连隔壁班的同学都开始蠢蠢欲动了。

"冲啊！"

"杀啊！"

"攻城！"

战斗打响了，同学们一窝蜂地冲进教室，大家跌跌撞撞，你推我搡，开始"搜城"。

俞晨涛站在讲台上，他自封"主帅"，发号施令。"同学们兵分三路：一路负责搜课桌，一路负责搜地板，一路同学负责往讲台上运送缴获的巧克力！"只可惜，大家只顾埋头搜索，谁都懒得理他。

有的同学对书包进行了搜索，有的同学把放在教室一角的电视机翻了个底朝天，有的同学还把讲台下面那根从来无人问津的钢管弄了个大白于天下，还有的同学干脆抄起手来，看谁找到了巧克力，便冲上去实施打劫，嘴里大吼："打劫，劫巧克力！"刚才还是温文儒雅的绅士，现在，一个个都成了"暴民"，想当年土匪进村也不过如此吧。

正当大家忙得不亦乐乎的时候，金老师忽然在讲台上放起了"箭"。

大家抱头鼠窜，纷纷躲到了桌子底下。杨杭脑袋一疼，唉，原来被击中了。他仔细一看，是巧克力！教室里一片哗然，随后，大家齐喊："缴巧克力不杀！"

"搜城"完毕，大家都满载而归，我却两手空

魅力解读

看到《满"城"尽是巧克力》这个题目,首先让人想到的是张艺谋导演的那部电影《满城尽带黄金甲》,估计作者取这则故事的题目时就是由此得到的灵感,这样,如同很快被张导的电影吸引住一样,我们很快就被这个题目抓住了视线。可见,题目取得巧,能够激发阅读兴趣,真是不假。本文写的是一次课堂游戏,内容很平常,但由于作者巧妙的构思,故事显得很有新意,整个过程也写得像张导的"黄金甲"一样浓墨重彩,颇有气势,引人入胜。作者驾驭文字的能力很强,一方面把这场游戏渲染得如战斗般激烈,另一方面,这场"战斗"又在作者幽默风趣的叙述中呈现出游戏特有的盎然趣味。

空,刚才全白忙了,唉!

我心灰意冷,正准备到抽屉里摸书包,咦,我竟摸到了一个小小的长方体样的东西,上面好像还有凹进去的字,再一摸,外面还包着纸。嘿嘿,我手一缩,一块巧克力竟出现了,我笑得乐翻了天。哈哈,踏破铁鞋无觅处,得来全不费工夫,天助我也。

最后,金老师有请得了五块巧克力的蒋聪闪亮登场。

金老师问:"得了这么多巧克力,你有什么感想?"

"嘿嘿,我有三个愿望。第一个愿望——我要先吃一块巧克力!"

一块下肚后,他大摇大摆地说:"第二个愿望——我还要吃一块!"

两块下肚后,我们都准备看着蒋聪吃下第三块。

没有想到,蒋聪竟笑嘻嘻地说:"嘻嘻,是不是猜我还要吃一块?哈哈,你们都错了,我希望下次所有的巧克力都跑到我的口袋里来!"

一听这话,全班同学全部晕倒。

捉"鬼"记

黄燕丽

"小呀么小二郎,背着书包上学堂,不怕……啊,这……这……这是怎么回事啊?"一跨进教室,眼前的景象吓得我把正哼唱着的《读书郎》吼成了 H 调。

再看看教室里的同学们,早已是一脸惊恐,面面相觑。对于我的问题,大家只是一个劲儿地摇头。

"镇定……一定要镇定!"我拼命地深呼吸,稳住心跳。

很快,我们宣传组的成员在走廊上召开了一个紧急会议。

"大家对黑板报离奇消失有什么看法?"我尽量保持冷静,发问。

胆小的燕梅同学颤颤巍巍地说:"是不是教室里闹鬼了?"

"去去去,哪里来的鬼?鬼是迷信的人假想出来的,在现代,我们要科学地看待问题。"假小子王明月的一席话颇振奋人心。

"是啊,明月说得对。"一向聪明的小玲若有所思地说,"恐怕是咱们班哪个调皮鬼搞的恶作剧吧!"

"太缺德了,本周二就要进行黑板报评比了,这可是关系到班集体的荣誉啊,我们一定要

把这个'鬼'揪出来,交给老师!"郑琦愤愤地说。

话说到此,大家带着一肚子的疑惑上课去了。

我是"身在曹营心在汉",老师讲了什么,我一点也没听进去。我在心里一直琢磨:上周五已经出好的黑板报,怎么会无缘无故消失了呢?到底是谁干的?我的脑子里一直在过滤着一幕幕场景。

第三节是高老师的语文课,她一脸笑意,没有马上上课,而是问我们今天有没有发现一些奇怪的现象。

"我们班的黑板报消失了。"嘴快的黄清马上汇报。

听完后,高老师脸上的笑意更浓了:"同学们一定很着急吧?别担心,一会儿高老师就帮你们把黑板报找回来。"

我暗想:这一定是高老师为了让我们专心听课,而使出的"诡计"。

语文课上到一半,高老师突然停下,让我们转身看教室后面的黑板报。顷刻间,班里一片哗然,大家议论纷纷。我再次被眼前的景象惊得目瞪口呆,原来消失的黑板报又毫发无损地回来了。

"这是怎么回事啊?难道真的有'鬼'?"我不禁脱口而出。

"是啊,还是个调皮鬼呢!同学们好好地调查一番,一起把这个调皮鬼找出来吧!"高老师又卖起关子来。

上网,查阅书籍,咨询科学老师……终于,我们把这个调皮鬼揪出来了:原来是"雾精灵"搞的鬼。早晨,"雾精灵"让黑板蒙上了一层厚厚的水珠,黑板报就"隐身"了;太阳出来后,黑板渐渐干了,上面的内容就又呈现出来了。

真是虚惊一场啊!

这时,明月又开始在那儿高谈阔论了:"事实证明,在现在的时代,我们真的要科学地看待问题。"

魅力解读

题目简洁明了,涵盖了故事的主要内容。针对"黑板报离奇消失"这一现象,上演了一出悬疑重重的"捉鬼戏"。最后,通过查阅资料、咨询科学老师,终于揪出了"幕后真凶"——"雾精灵"。选材新颖鲜活,故事有趣,给人耳目一新之感,并展现出同学们积极思考、探寻真理的科学精神,主题很有意义。

细心决定成功

蒋诗倩

"丁零零……"上课了,张老师满面春风地捧着一大叠纸走进教室。

"同学们,明天学校有一个活动,可以让一些同学参加。"

"哦,耶!"同学们大喊起来。

"不过——"张老师神秘一笑,又提高了嗓音,"要通过测试,才有资格参加!"说着,她扬了扬手中的纸。"啊?又是测试!"同学们立刻像霜打的茄子——蔫了。"测试卷一点也不难,非常简单,同学们早就学过了。"张老师仍是一脸笑意,教室里却是一片欷歔声。

开始发测试卷了,张老师亲自上阵,测试卷全都是反着放。我隐约看见几条长长的横线,完了!

"预备——"张老师喊道。我立即捏紧笔,左手抓住试卷的一角,准备"战斗"。

"开始!"张老师一声令下,只听"哗"的一声,全班同学几乎同时翻开了测试卷,谁也不肯比别人慢0.1秒。

打开测试卷,我第一眼看到的就是"限时5分钟"几个粗黑的大字,我又扫了一下题目的序号,啊,一共15道题!老师,5分钟做这么多题目,太不现实了吧,谁有这么神速啊?

第一题:"请把题目读完。"嗯,老师真细心,

这真的很重要。记得上次测试有一道填空题,是在一段话中填形容词。我呢,匆匆做题,哪知"狡猾"的出题老师在这段话的后面加了一个括号,里面写着"请填四字成语",粗心的我哪里注意到,最后,栽了。

吃一堑,长一智,今天我可不能再马虎大意了。我有意地往题尾瞥了一眼,咦,最后一题咋没横线?我仔细一看,只见下面写了一行字:"如果你已看完题目,请只做第二题。"原来出题老师在卷尾设下了"埋伏"。哈,我可不会再中圈套了,张老师,你out了。第二题,不就是"在卷子的左上角写好班级、姓名"嘛,简单!我在卷子的左上角写下了班级和姓名,然后,走上讲台去交卷。哈,我第一!

回到位子上,我放眼望去,奋笔疾书的同学们黑压压一大片。再瞧瞧坐我后面的"写字第一快手"高嘉峰,他已写了七八行,真"快"呀!

"时间还有半分钟,加油!"说完,张老师开始倒计时:"五、四、三、二、一,时间到,交卷!"

可除了我和几位认真看题的同学,没有一个同学交卷,他们仍在奋笔疾书。

"请同学们再看看题目!"张老师笑着说。

沉寂了十几秒后,"啊""唉"的叹息声不绝于耳,看来,中"埋伏"的同学不在少数呀!

最后,张老师语重心长地告诉我们,这次考的不是知识,而是看看同学们是否认真、细心审题。是啊,不管做什么事情,都要认真、细心,这是成功的保证,很多时候,往往细心决定成功。

魅力解读

作者选取了学校生活中一场简单而又特别的考试,通过一波三折的描写,仿佛抽丝剥茧,一层层地将主题揭示出细心乃成功的保证。围绕这个主题,作者通过精彩的描写,绘声绘色地将这场特别的测试进程中的心理活动和同学们的表现展示出来。作者没有掉进老师精心设计的"陷阱"里,而是"吃一堑,长一智",吸取了之前粗心马虎的教训,最后成为这次特别小测试的胜利者。这样的结尾既出人意料,又在情理之中,我们不禁为故事巧妙的构思拍手叫绝。

有趣的拼句游戏

王浩淼

"哈哈哈……"一阵阵爽朗的笑声不时地从我们班的教室里传出。有什么高兴事?告诉你吧,我们正在做有趣的拼句游戏。

星期三下午第一节,是我们的活动课。上课了,王老师笑眯眯地走上讲台,说:"这一节我们做一个游戏,好吗?"

"好!"大家异口同声地说。

老师看我们群情激昂,就在黑板上写了这个游戏的名称——"拼句"。

老师说:"每人拿出三个小片纸,分别写上自己的名字、在什么地方、干什么,写好后,交上来。"

我们写好后,把纸片交给了王老师,王老师将名字、地方、干什么三种纸片分放三堆。

"下边进行第二步——拼句,请每组的组长上来,任意抽三张,组成一句话,念给大家听。"

首先,是一组组长郭清泉上场。

只见他精神抖擞,大步走上讲台,从容地从三堆纸片中各抽出一张,摊在讲台上,可好一阵子,他都不念。同学们急了,纷纷催促起来:"赶快念,赶快念。"我也看在眼里,急在心里。无奈,他只好念道:"杨亮在教室里吃桑叶。"

同学们听了,捧腹大笑,王老师也笑了。

接着,是二组组长杨同上场。

他雄赳赳气昂昂地走上讲台,抽取了三张卡片,趴在讲台上看了一会儿,就大声念道:"杨飞在校长室办公。"

"哈哈哈……"同学们笑得前仰后合,老师也笑弯了腰,我笑得肚子都疼了。

紧跟着,三组组长郭峰走上讲台。他组好句后,笑得直打趔趄。他手摁着黑板,身子直想往地上瘫,纸条也落到地上。

老师拾起纸条,拼在一起,念道:"杨峰在鸡蛋壳里睡觉。"

同学们听了,笑得更欢了。

"丁零零……"下课铃响了。

这节课多么有趣呀,通过这样的活动,我们明白了句子主谓宾搭配不当,会闹出笑话的道理。以后写作文,一定要努力减少这方面的错误啊。

魅力解读

灵活多样的教学方法,让同学们在欢声笑语中获得知识,悟出道理,在不经意间走进知识的殿堂,本文写的就是这样一节教学活动课。故事以同学们爽朗的笑声开头,先声夺人,引人入胜;接着,按照事情的发展顺序,把拼句活动的过程有详有略地进行了描述。行文中,人物的动作描写细致入微,丰富了文章的表现力。结尾写出了这节课的收获,既总结了全文,又点明了中心。

"烽火连天"的教室

吴佳超

班主任吴老师出差了,第一节一下课,我们班的教室里就炸开了锅。

"快快快,给我打,右、右、左、打左……"陈帅在一旁指手画脚,劳稼玮被他指挥得手忙脚乱,他们正在"攻打"陈奇涛。

一颗颗纸团从我的头顶飞过,那架势还真有点枪林弹雨的感觉。"嘭嘭"两声,两个纸团不偏不倚打在了我的脸上,我的五官马上痛苦地拧在了一起。

我可不是吃素的,我弯腰捡起了那两个纸团,从抽屉里拿出矿泉水,倒在了纸团上,然后"嗖"的一下打了出去。哈哈,正中目标。

劳稼玮也不甘示弱,他大声喊着:"你怎么用湿的!"说着,他甩手就朝我这边丢纸团。只听得"啪啪啪"三声,还好,我眼疾手快,他的三颗"子弹"全都打在了我的"盾牌"——课堂作业本上。

他见远攻不行,便挥舞着"剑"——毛笔和"盾"——美术课本冲了过来。我连忙拿起塑料长尺,和他搅和在了一起。

我们俩不约而同地发出了杀猪般的号叫,一会儿大叫:"杀呀!"一会儿高喊:"痛杀我也!"我们的脸上却是大笑不止。

"班长来了!"不知谁吼了一嗓子,我们赶紧鸣金收兵。班长可不是好惹的,光她那比男生高两个八度的嗓门就会让我们魂飞魄散了。再说,要是她告诉吴老师,我们可就吃不了兜着走了。

"一下课就乱成这个样子,你们打仗啊!"啊呀,这嗓门真高,我赶紧捂住耳朵。班长一溜风地走过来,一把拉下我捂着耳朵的手,接着,说了一句让我们俩傻眼的话:"今天的值日你俩做,不然,我就把这事儿告诉吴老师!"

"啊!"劳稼玮惨叫一声,一屁股坐到了地上。

唉,我们怎么这么倒霉啊。当然,值日的时候,我们也没忘记把陈帅和陈奇涛拉上。因为我们跟他们说,要是他们不做,就把你们的"丑事"告诉吴老师。

哈哈!

魅力解读

班主任老师不在,教室里会怎么样呢?作者通过几个精彩的镜头,展示出教室里"烽火连天"的热闹景象。故事一开篇,作者就交代班主任老师出差后,教室里"炸开了锅",接下来,从动作和声音两个方面进行具体描绘。纸团你来我往,热闹非凡,"真有点枪林弹雨的感觉"。精彩的细节描写凸显出精彩的画面,让人仿佛身临其境,感受到同学们火热的学习生活。

表演课本剧

刘楠楠

"卖矛了,卖盾了……"今天我们班的语文课上一下子热闹起来,不时地还传来一阵阵叫卖声。这是怎么回事呢?原来我们班的同学正在表演《自相矛盾》这个成语故事。

自从昨天陆老师给大家布置了排演《自相矛盾》的任务后,同学们就一直兴奋不已。

瞧,大家做的矛可谓五花八门:秦之浩的矛,长长的把,一头用硬纸片做了个尖角,还缠了一圈红毛线,简直像杆红缨枪。戴佳乐的矛融入了现代科技成分,长柄分三节,可以伸缩,或许是受了金箍棒的启发吧。再看盾:章文成的盾上画了一只威风凛凛的大老虎,仿佛正在吼叫。我的盾是废物利用,在旧的鞋盒盖上穿上一段橡皮筋,我的盾就做好了。

现在,正在给大家表演的是章文成一组,同学们都聚精会神地看着。只见章文成拿着矛和盾,昂着头,挺着胸,来到由周子蕊等同学演的顾客面前,他把自己的盾在顾客面前晃了晃,就大喊起来:"卖盾了,卖盾了,我的盾是世界上最坚固的盾,随你用什么矛都不能把它戳穿。"看他这副模样,还真有点小商人的味道。

那几位"顾客"可不会轻易上当,他们接过盾,掂了又掂,面露微笑,还不时点点头。看来,他们对这个盾挺满意的。

我们不禁为他们的表演叫好。

章文成瞅准机会,又开始夸自己的矛:"我的矛是世界上最锐利的矛,上战场可以说是攻无不克,百战百胜。"那几位"顾客"听了,似乎又被这矛给迷住了。

就在这时,一位"顾客"走上前去,接过章文成手中的矛晃着脑袋问:"如果用你这矛来戳你的盾,结果会怎么样?"

章文成先是一愣,接着,面露尴尬:"这……这……这……"最后,他只好收拾了东西,灰溜溜地走了。

同学们对他们的精彩表演报以热烈的掌声。

接下来,秦之浩这组的表演也非常出色。最有意思的还是秦之浩,他扮演商人,在卖盾的过程中,竟忙中出错,说:"我的盾坚固得很,随你的什么矛都戳得穿它。"这话逗得同学们哈哈大笑。

同学们的表演一组比一组精彩,大家都沉浸在快乐之中,也对"自相矛盾"这个成语有了更形象、更深刻的理解。

我喜欢这样学语文。

魅力解读

这篇故事有两大特点:一是层次清楚。以场面描写开头,接着,先介绍同学们准备的道具,再有详有略地写两组同学的表演,最后,谈自己的感受,内容一目了然。二是描写具体。特别是把表演的同学的神情、语言描绘得栩栩如生,很逼真地再现了当时的情景,这正是写好课本剧的关键,否则,就会成为原故事的复述。

一张"杰出"的国画

刘银铃

今天下午的活动课上,我们搞班级画展,教室里热闹极了。几十张漂亮的图画都挂了出来,还引来了外班许多同学前来欣赏,其中,最吸引人的是我们班"小画王"画的一幅国画。

"看,那座高山多么壮观!它蜿蜒起伏,又多么雄伟!作者把悬崖绝壁都画出来了,画得真是妙呀,好画,好画!"一个同学赞不绝口。

"你说得不对,那哪是高山呀,那是一片树林,看那枝繁叶茂的,不用说,只有我们班的'小画王'才能把树叶画得层层叠叠、密不透风,真是好画!"又一个同学啧啧称赞道。

"好画,好画!"同学们纷纷夸赞。

"不对,我觉得'小画王'画的是火烧云。火烧云就是这个样子的,我在一本画册上看见过。不过,'小画王'画的要比那个画册上的画好多了,这真是一幅好画!"又一个同学说。

就在这几名同学争论不休时,"小画王"红

着脸跑了过来,说:"实在对不起,我拿错画了,不小心把弟弟昨天晚上的画给拿来了。都怪我粗心大意,让大家见笑了。对不起,我现在拿来的画才是我画的!"

听了这话,大家你瞅瞅我,我看看你,你望望他,他瞧瞧你,谁也不说话了。

魅力解读

虽然只有数百字,所写之事似乎也微不足道,但是,它明为写画,暗则喻人——通过对看画这一小事的叙写,委婉、善意地批评了仅凭印象进行的无根据的称赞。因此,可以说作者独具慧眼,故事立意深刻。具体写时,文中的抑扬法以及结尾的顶真修辞手法,用得很成功。

手脚总动员

刘 佳

今天下午的活动课上,我们班搞了一个很有趣的活动:手脚总动员。

活动的规则是,老师在黑板上写什么词语,讲台上的一个同学就要表演什么动作,讲台上的另一个同学不能看到黑板上的词语,他要借助于这个同学的动作来猜这个词语。

"刷刷刷",杨老师大笔一挥,在黑板上快速写下"美女蛇"三个大字。讲台上负责表演的刘真一看,就傻眼了,他不由得"啊"了一声,同学们都哈哈大笑起来。讲台上负责猜字的雷飞鸿则一头雾水,满脸疑惑地望着大家。

刘真为难地搔搔后脑勺,迟迟不肯动。

"快啊,十、九、八……"台下的同学们喊道。他一听,也顾不了那么多了,伸出右手,做出标准的兰花指,轻轻按在脸上,嘴角微微上扬,不时朝雷飞鸿抛媚眼,左手叉在腰间,屁股一扭一扭地走着猫步。见此情景,同学们早已笑翻了。

"美女!"雷飞鸿脱口而出。

"对!"同学们喊道。

接下来,刘真双手合十,不停地左右扭动。雷飞鸿静静地看着他,无奈地摇摇头。刘真灵机一动,嘴里发出"咝咝"的声音,雷飞鸿恍然大悟:"蛇!"

"合起来!"同学们提醒他。

当"美女蛇"三个字从雷飞鸿嘴里说出时,台下顿时掌声一片。

"我来,我来!"同学们兴趣高涨,个个摩拳擦掌,跃跃欲试。

"刘佳,张在强。"老师喊道。

终于轮到我闪亮登场了,我真有点迫不及待了。

杨老师很快在黑板上写了一个词,我一看,简直要晕了,刚才的高兴劲儿早已抛到了九霄云外。让我当着同学们的面表演这个,不被笑死才怪呢。唉,事已至此,我只好硬着头皮豁出去了。

我很别扭地把肚子挺得老高,一手撑着后腰,一手轻轻地抚摸着隆起的肚子,慢慢地踱着步子。果不其然,我刚做出这个动作,同学们就哄堂大笑,我想,他们大概都猜到是什么了。可张在强硬是没反应过来,他疑惑地看看我,又看看同学们,百思不得其解,并一再向我投来求助的目光。

"哎呀!"我急得直跺脚,把动作做得更夸张,他依然抓耳挠腮,满脸茫然。我边做动作,我的口型已经重复了Ｎ遍"孕妇"这个词语了。

"哦!"张在强用手指点了点自己的额头。我仿佛看到了希望,握紧拳头,屏住呼吸,目不转睛地盯着他的嘴,希望能从中掏出什么来。

"是饭吃饱了。"他说。

听了这话,我差点没被气死。"你才吃饱了

魅力解读

真是太精彩了！游戏精彩，故事写得更精彩。一个简单的猜词语游戏，被作者以"手脚总动员"命名，而且写得笑料百出，真是让人忍俊不禁啊。再看看对人物动作、神态的描写，那才叫活灵活现呢。怎么样，感觉不错吧。

呢！"我说。

同学们笑得更欢了。

我再一次做这个动作，反复叮嘱他仔细看，张在强把眼睛瞪得如铜铃一般。"哦！"他猛一拍脑袋，然后，小心翼翼地问："难道是'孕——妇'？"

"恭喜你，张在强，你终于答对了！"我高兴得跳了起来，张在强也如释重负地拍了拍自己的胸口。

接下来的表演真可谓精彩纷呈，"猪八戒""模特"……惹得大伙儿开怀大笑，连教室的房顶都快被掀翻了。

朋友，如果你喜欢表演，下一个上台的就是你！

爆笑派之三：人人都有一本难念的经

吃过早饭,我不由得打了一个哈欠,大概是昨晚睡得晚了吧。就是这个哈欠,给我惹了不小的麻烦。哈欠过后,"嗝……嗝……"我一连打了好几个嗝,本以为打过之后就没事了,谁知,唉……

打嗝风波

费佳燕

吃过早饭,我不由得打了一个哈欠,大概是昨晚睡得晚了吧。就是这个哈欠,给我惹了不小的麻烦。哈欠过后,"嗝……嗝……"我一连打了好几个嗝,本以为打过之后就没事了,谁知,唉……

我背着书包,一路打着嗝来到学校。

在校门口,看到值勤的老师,我立正,敬队礼:"老师,'嗝'早!"坏了,看着老师异样的目光,我赶紧快步离开这个"危险区域"。

走进教室,同学们已经开始早读了。我也认真地读着,可不听话的"嗝"又来捣乱,我读一句,就"嗝"一下。负责早读的组长盯住了我,唉,又惨了!

"费佳燕,你好好早读行不行?别开玩笑了。"组长挺严厉的。

"我真的是在打嗝啊,嗝……"

"你别闹了,怎么会一直打嗝呢?好好读!"组长不信我的话。

"我……嗝……"

同学们都笑了起来。

好不容易熬过了早读,第一节课是数学课。我心里有点虚,不知道在课堂上又会闹出什么笑话。

果不其然,铃声响了,打嗝还是没有停,更要命的是,这嗝还越打越厉害,连身子也跟着一纵一纵的。

很快,又一双锐利的眼睛盯住了我。

"费佳燕,上课要认真些,坐端正了,这样一跳一跳的干嘛,又不是演马戏!"听了数学老师的话,全班同学哄堂大笑。我呢,脸红得真像马戏团里的猴屁股。

没办法,我只好硬生生地屏住呼吸,好降低打嗝的频率。

正屏着气,数学老师让我回答问题。我站起来,半晌不敢说话,生怕一开口,又要打嗝了。

老师又发话了:"费佳燕,叫你回答问题呢?"

没办法,我憋足一口气,说:"几个数共有的倍数,叫做这几个数的公倍数,其中最小的一个,叫做这几个数的最小公倍数。"我的回答一气呵成,又快又响,居然没有打嗝。

是不是好了?可我一坐下,"嗝……嗝……"这次打嗝的频率好像又快了很多,连肚子都有点痛了。

看着我的样子,一向严肃的数学老师也禁不住笑了,教室里更是一片笑声,只有我还在那里不停地打嗝。

下课后,大家围绕打嗝展开了话题。

有人说,多喝水能治。我把肚子喝得都快胀破了,还是不行。有人出了点子:趁我不备,从背后吓我。直吓得我都快尿裤子了,打嗝依

魅力解读

打嗝并不罕见,但像作者打嗝的时间之长,打嗝之频繁,恐怕是不多见的(不排除其中有夸张的成分)。事实也好,夸张也罢,都反映出作者非常留心日常生活,非常善于捕捉写作素材。这篇故事给我们的启示是:不一定要写大事、特别有意义的事,即使是生活琐事,只要细心观察,细心体会,也可以写出不错的文章,而且这样的文章往往更能表现出童真、童趣。

旧继续。

很快,那几个调皮的男生给我取了"打嗝大王"的外号。

接下去的课,我是在痛苦中度过的,同学们却是在笑声中度过的。尤其是下午的音乐课上,同学们竟然推选我去讲台上演唱。我唱一句,打一下嗝,差点害得大家把大牙都笑掉了。

直到傍晚,打嗝才在不知不觉中停了下来。

我颇为得意地向同学们发誓:"今后,我再也不会打嗝了。"

谁知,我的话音未落,"嗝……嗝……"天哪,它又来了!

我有"三急"

程安娜

人们常说,人有"三急",我的"三急"却与众不同。

第一:怕迟到,急

"唉呀,太阳都快晒到屁股了,怎么才醒,要迟到了!"我一边惊叫,一边赶紧起床穿衣,匆匆跑进卫生间,三下五除二就把一切事情搞定,然后,就箭一般向学校"飞"去。

今天的晨读课是数学老师上的,她是一个年轻气盛的老师,谁要是迟到了,一定会领教一番她那"河东狮吼"的滋味。

我马不停蹄地跑到学校,已是大汗淋漓了。来到教室,发现数学老师还没来,我那颗悬着的心才落了地。

环顾教室,发现同学们正在自己的座位上认真读着数学法则和公式,我也就不慌不忙地跟着大家念起来。

第二:饿肚子,急

现在是上午第四节课,语文老师正在课堂上津津有味地讲课文,这时,我那不争气的肚子却唱起了空城计。因为早上我只喝了一碗粥,到了第四节课,肚子受不了了,饿得难受。

此时的我,多么盼望下课的铃声快点响起。

"丁零零",下课铃终于响了,我喜出望外,想快步跑出教室去打饭,谁知今天语文老师仿佛和我作对似的,就是不下课,他还在讲台上专心致志地讲,急得我直跺脚。老师讲得神采飞扬,我的耳朵里就像塞了棉花团,根本听不进去。

此时此刻,我在心里一直念叨:"人是铁,饭是钢,一餐不吃饿得慌。"又过了好一阵子,语文老师才宣布下课。

这时的我脚底生风,第一个冲出教室,就向食堂跑去。

第三:进老师办公室,急

一天中午,我刚吃过饭,就拿起羽毛球拍,准备去操场上放松放松。

就在这时,班长叫住了我,他说:"英语老师叫你去办公室一趟。"

师命难违,我很不情愿地去办公室接受英语老师的"教诲"。

我边走边猜测:难道是我今天上午英语课上表现不好,还是作业不认真?我真急啊!于是怀着十分忐忑的心情走进了老师办公室。

果然不出所料,办公室里,英语老师正拉着一张苦瓜脸在"恭候"我。

见我来了,她指着我的作业本严肃地对我说:"你上课是怎样听讲的?作业写错了这么多,你说怎么办?"

英语老师的话像一根无形的鞭子抽打着我的脸,顿时,我感到脸上火辣辣的,内心充满无限的悔恨。

见我的认错态度还好,英语老师就没有动肝火,她走到我身边,摸了摸我的头,温和地说:"以后上课要认真一点,作业才不会出这么多差错。"

我不好意思地点了点头。

随后,英语老师耐心地帮助我订正了错误。

俗话说:"心急吃不了热豆腐。"但从自己的经历中,我真真切切地感受到:在许多时候,在许多事情上,还是需要"急"这样的性格。

魅力解读

数学老师的"河东狮吼",饿肚子时唱"空城计",英语老师在办公室拉着苦瓜脸的"恭候",文中,作者将司空见惯的学校生活描述得如此生动,妙语连珠,幽默的功力真是不浅。在构思方面,将怕迟到、怕饿肚子、怕进老师办公室,说成自己的"三急",既合情合理,又生动传神,让人忍俊不禁。

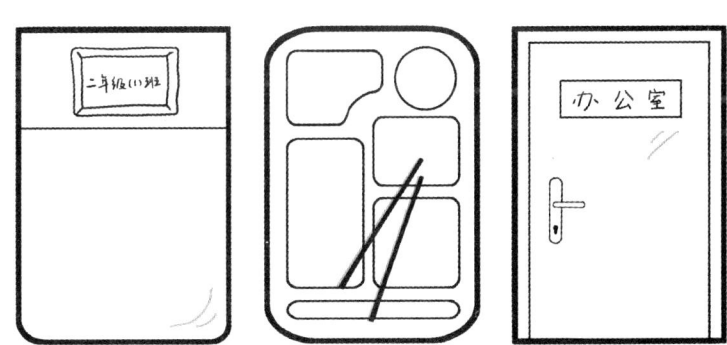

我与错别字

邵达生

上一年级时,我识字还不多,错别字连篇,闹出不少笑话,现在说起来,仍会让大家禁不住大笑。

《读者》上有一篇介绍兵马俑的文章,我却把"兵马俑"当成了"兵马桶"。当时,我很奇怪,秦始皇为什么要用马桶来陪葬,便问老师:"秦始皇是不是卖马桶的呀?不然,他怎么会有那么多兵马桶陪葬。"

老师皱了一下眉头:"马桶,什么马桶?"

我指着那篇文章,大声念道:"秦始皇的兵马桶。"

老师听了,哈哈大笑:"邵达生,秦始皇用得了那么多马桶吗?那读'兵马俑'。"

从此,我记住了一个歪理:只要是半边有"甬"的字,一定读"yǒng"。

有一次,我看到一篇报道,说有人被歹徒捅死了。

我就对老师说:"真恐怖,一个人被'涌'了七刀。"

老师没有直接指出我读错了,他只是漫不经心地说:"对,是'涌'死的,血如泉涌,血流光了,人不就死了吗?"

我这才知道,自己又搞错了。

好笑的事一件接一件。

有一次,学校评选"十佳"少年,上榜的同学还都贴出了照片,看到他们神气十足的样子,我可羡慕了。一跑回家,我就对老妈郑重宣布:"我也要当十挂少年。"

老妈听了我的话,二话没说,拎着我的领子就向上拉。

"是不是这样挂上去的?小笨蛋,是十佳。"老妈笑着说。

最让我出洋相的一次是,那天在学校,不知是因为什么事情,我与高国鑫吵了起来。他说我以后准是扫垃圾的,还要给他洗脚。

我暴跳如雷,大骂他:"你以后准是穷光蛋,是一个满身跳蛋的流浪汉!"

高国鑫一听,不怒反喜了,他不屑地说:"跳蛋?我从没听说过有这种动物,要不要去问一问曹老师呀!"

同学们都围了上来,笑话我把"蚤"说成了"蛋"。当时,我真恨不得用520胶水封住高国鑫的嘴,然后,在地上撕开一条缝钻进去。

错别字就像一件漂亮的衣服上打了补丁,让我"才子"的名誉大打折扣。我要把错别字当成最大的敌人,现在,消灭错别字,我是刻不容缓。

魅力解读

这个故事很好看,好看在一个"趣"字。首先,选材有趣。作者写的是童年趣事,全文由几个发生在自己身上因念错别字惹出的小笑话组成,小小的事件,童趣盎然,读后,令人禁不住大笑。其次,语言幽默。作者驾驭文字的能力很强,不动声色地把几个小故事讲得妙趣横生,令人开怀。第三,文中的人物形象鲜活有趣。例如,稚气天真的"我",或直爽风趣或会玩冷幽默的老师,淘气的同学,虽然只是寥寥几笔,但这些人物形象呼之欲出,充满了喜剧色彩,给故事倍添趣味。

一根油条两张大饼

何勇荣

说起我呀,可真是个马大哈,每次数学考试都不能得满分,我不是不懂,都是因为粗心被扣分。这不,又要考试了,我听同学说,要是考试的那天早上吃一根油条、两张圆大饼,准能考100分。我半信半疑,但还是决定试一试。

到了考试的那天早上,我一大早就起床,一路小跑地跑到街上的小吃摊上,买了一根油条、两张圆大饼,然后,跑回家里,把油条、大饼放在桌上,摆成"100"的模样。做完这些,我学着电视里日本人的样子,对它们来了三个90度的大鞠躬,并说:"考试时请多多关照,让我得100分。"然后,我才津津有味地吃起油条、大饼来。

说来也怪,那天考试我特别自信,每一道题都做得很顺利。做完了,我又认认真真地检查了三遍,我乐滋滋地想:哈,这回,100分可是三个手指捉田螺——拿定了。

果然,几天后发试卷的时候,老师宣布,全班只有我一个人得100分。当时,我的心里真像喝了蜜一样甜。

"多谢了,大饼、油条。"我满心欢喜地低声说。

没有想到,逐题讲评的时候,老师指出,一道填空题应填"10 000",说有的同学却填了

"100",我发觉我好像就是填的"100"。我连忙用手抹了抹眼睛,再一看,真是的,顿时,我的身上好像被泼了一盆冷水,唉,我又错了!没办法,我只好老老实实地让老师扣了1分。

放学回到家里,我把书包一下丢到桌子上,一屁股坐在椅子上,我不停地骂:"什么油条、大饼,全都是骗人的鬼话……"骂着骂着,我忽然发现,桌子下有一块大饼,哦,一定是我早晨吃的时候不小心掉下的。

"唉!"我狠狠拍了一下自己的脑门,"要是全吃完,不掉下这一小块儿,我这100分肯定是跑不掉了。"

在一旁看书的爸爸看到我在发脾气,走过来对我说:"油条、大饼是保证不了你得100分的,关键是自己要细心,好好吸取教训吧!"

我点了点头,说:"看来,做什么事都要细心,连吃油条、大饼也不例外呀!"

听了这话,爸爸笑了。

魅力解读

想得100分—得到了100分—最后竟得而复失。文中,作者写出了想得100分的心理与过程。不过,这并不是这篇文章的主旨,它的主旨是"做什么事都要细心"。这篇文章选材不错,构思也很好,把油条、大饼同考试的得失穿插在一起来写,前后推进,将故事推向了高潮。

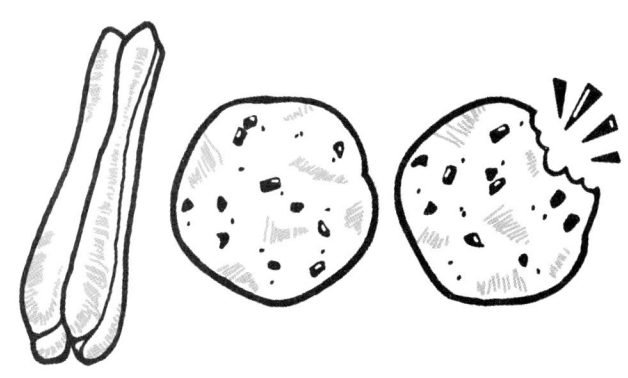

我是一只"双面虎"

符 凯

在十二生肖中,本人属虎。告诉你吧,我可是一只"双面虎"。一面是管纪律时的"母老虎",另一面是典型的"小马虎"。

说我是"母老虎",因为我是班长,负责管课堂纪律。别看我个子小,管起纪律来,俨然一只"母老虎"。

上课了,教室里还是乱哄哄的,我的虎脾气要显威了。我一拍桌子,大吼一声:"谁再吵,就站出去!"顿时,教室里鸦雀无声。

同桌汪昊天小声嘀咕了一句:"真是一只母老虎!"

听到这句话,我暴跳如雷。我一把揪住他的耳朵,恶狠狠地说:"我是不是母老虎,关你什么事!好,我是母老虎,看我不好好地治治你!"

"哎哟,疼死我了!好好好,是虎班长,饶了我吧!"他说。

说我是"小马虎",我还真出了不少马虎事呢。

有个星期一的早晨,我起床晚了,只好草草地刷牙、洗脸、吃早餐。

"爸爸妈妈,我上学去了!"话音刚落,我便飞也似的跑出家门。跑到小区对面的街上时,我才想起红领巾没有拿。真讨厌,又得回家一

趟,我匆匆忙忙地跑回了家。

印象中,红领巾可能放在客厅的茶几上,我冲进客厅一看,连红领巾的影子也没有。对了,应当在餐厅!我又跑进了餐厅,餐厅的桌子早被收拾得干干净净,也没有红领巾。完了,今天肯定要迟到了。我心里想着,又跑进了自己的房间,还是没有,我一下子瘫坐在了地上。

"你在找什么?"妈妈问。

"妈妈,我的红领巾呢?"

"红领巾啊,你不是放在书包里了吗?"

"啊?"我放下书包,拉开拉链一看,真的,红领巾就在书包里。顿时,我的鼻子一酸,眼里掉下了两串"金豆豆"。

看来,我真是一只"双面虎"。

魅力解读

一看文题中的"双面虎",一下子就吸引住我们的眼球。原来作者总结了自己"性子急""做事马虎"这两个特点,巧用"双面虎"作为借用语来拟题,这样的构思很有新意。选材典型,文笔生动,一些细节很真实,展示出一个特点鲜明的小班干部的形象。

粗心的我

刘 欣

我有点胖,才11岁,就有90多斤了,人家说我就像一只塞满了肉的大腊肠。其实,胖也没什么大错,除了行动的速度慢点,就是不太好看,对我构不成其他的危害。生活中,给我造成"致命"打击的,倒是该死的粗心。

一次,老师让我们用"最"字造句,我造的句子是:"我最爱找年轻漂亮的妈妈。"老师在课堂上一脸正经地读后,搞得全班同学朝我大笑,原来句中的第二个"我"字我写成"找"字了。顿时,我的脸成了猴屁股。

一次早晨刷牙,我觉得牙膏的味道不对,仔细一看,原来是把妈妈的洗面乳当成牙膏了。我越想越恶心,一个上午都直想吐。唉,真是活该!

还有一次,我觉得脖子特别难受,一低头就更不舒服了,难道是病了?没有哇!是红领巾系得太紧了?也不是呀!一个上午,我都在不适中稀里糊涂地过去了。

回到家里,我把我上午的不适告诉了妈妈。妈妈异常紧张,又是给我测体温,又是察看我的扁桃体,一切正常。爸爸说,干脆上医院吧。妈妈又从头到脚给我检查了一遍,最后,终于发现,我将鸡心领的毛背心前后穿反了。

爸爸说妈妈:"你看你生了个多有出息的闺女!"

妈妈反唇相讥:"这都是你的遗传基因好!"

我大声嚷道:"别相互责怪了,都是我粗心惹的祸,下次再也不会出现类似的事了,否则,自饿三天(这对我来说是毒誓呀,因为我一顿不吃饭,就会头昏眼花,可见我对'粗心'是深恶痛绝了),我保证!"

听了这话,妈妈搂着我笑得直不起腰,我和爸爸也笑了。

魅力解读

由"胖"转向"粗心",开篇简洁、自然,一下子就让我们认识了这位胖胖的、性格开朗的女孩。材料典型,描写细腻,尤其是第一和第三两个事例选得好,既真实,更好笑,充分表现出作者粗心的特点,具有很强的表现力。

糗事冠军

戴泽宇

这周,班主任蒋老师又外出讲学了,我们班立刻出现了"老虎不在家——猴子当大王"的情景。我们万万没想到,大家没当成"大王",却发生了一堆的糗事。

一

"我们班王炯的两小扇白门——门牙被地板狠狠地K了一下!"这天早上,我一来到学校,刘淳清就急匆匆地跑来告诉我。

"什么,这么大的事是哪年哪月哪日哪时哪分哪秒发生的?现在才告诉我?"说完,我就以百米冲刺的速度跑去看王炯。

只见她的嘴上已深深地烙上了"历史痕迹"——两颗活动的门牙虽然仍顽强地坚守着"阵地",但已如醉汉一般摇摇欲坠。不过,王炯虽然受伤了,但只要想想自己的英语考试得了100分的事儿,我想,她的痛苦一定会减半的。

二

"丁零零……"下课铃响了。走出教室,我走到走廊上休息了一会儿。

当我再走进教室时,下巴都要碰到地面了。为什么?只见几个同学已把黑板变成了大花

脸。真没想到呀,老师不在,同学们怎么就这样疯狂,前一秒和后一秒的表现咋就相差这么大呢?

这还仅仅是个小插曲!

我好不容易把黑板擦干净,第二节课刚下,我们班的黑板转眼再次倒了大霉——全身都穿上了"迷彩服",仿佛丛林中走出的野战战士。

看着倒霉的黑板,我又一次加入了"保卫战"。可是,"敌人"太难消灭了,因为他是我们班的捣蛋大王——黄俊杰。只见他拿着各色各样的粉笔在黑板上如一只没头的苍蝇一样乱画,一刻也不停,你在这边擦,他在那边画。他那牛劲,一个顶仨!我擦一点,他画十行;我擦一块,他画十处;我擦一圈,他画十圈。画着容易擦着难呀,我真想踹这个"英俊的杰出人才"一下。

三

下午快放学时,莫会民和几个同学在抢作业本。不知怎么的,只听"咣"的一声,黄嘉璐的笔盒和地板来了一个亲密接触,而莫会民一脚把笔盒踩了个粉身碎骨。

莫会民没有赔黄嘉璐的笔盒,也没有对她说声"对不起"。我觉得,这样的行为非常非常不对。他真不应该抢本子,更不应该踩烂别人的笔盒,要不,黄嘉璐的笔盒也就不会"英勇牺牲"了。

哎,老师不在的时候,我们班真是糗事多多,简直成了这方面的冠军。

魅力解读

老师不在,这是一个让人精神放松的时候,想想看,这个时候会发生什么样的事情?首先,这个事情和平时肯定有些不一样。无论是课堂上还是课外的气氛,是不是特别热烈?同学们也都比平时兴奋了许多。只要把场面写具体,就等于把故事写好一大半了。其次,要写出真情实感。用真实的文字记录当时的情景,把自己和同学们的表现客观地写下来,真正做到"我手写我心",这样,你在写时才会有话可说,有话想说。不能因为害怕曝光了不光彩的一面,就胡编滥造,如果那样,故事就没有什么意义了。

"活宝"同桌

董 栋

我的同桌——金德望,健壮的四肢,粗发浓眉,一双大眼睛仿佛是黑珍珠嵌上去的,随时随地都滴溜溜地转着。他人很聪明,可聪慧的大脑就是不用在学习上,而是用在其他方面,他真是我们班上名副其实的"活宝"。

"同学们,下课,请没默写好的同学站起来!"王老师的声音总是那么甜。

这事自然少不了"活宝"。只见他把屁股挪离凳子,但双手仍牢牢地粘在桌上,然后,掉转脑袋瞥了瞥四周,待看到竟有不少的"同党",他马上把腰板挺直了起来,摆出一副"天下英雄,舍我其谁"的气概来。

"好,那我把作业布置一下。中午,没默写好的同学请同桌监督,直到默好为止。"王老师说完,就走了。

中午,我吃了饭,三步并作两步地跑到教室,看见金德望已安安稳稳地坐在那里,捧着一本小说,津津有味地读着。我真佩服他的镇定,我一个箭步冲到他面前,说:"嘿,还真悠闲啊,快默写啊,我还得监督你呢!"

"没关系,不就是默写吗?还有一个小时,让我看会儿闲书吧!"金德望抬起头来,皱着眉头,低声向我哀求道。

我也懒得管,就随口应道:"好吧,再让你看20分钟吧!"

说完,我冲到两位正在下棋的同学前,观起战来。

20分钟过去了,我猛然抬头,发现金德望已不在座位上,这下我可急了,疯狂地寻找起来。篮球场、足球场、乒乓台,甚至连厕所都没有放过,还是不见他的踪影,我嘴里念叨着:"嘿,小子,这回你的把戏玩得够新鲜的,连我都找不到啊!"

30分钟转眼间消逝,金德望终于回到教室。我立马冲了过去,说:"你到哪去了?"

"这不关你的事!"金德望反驳道。

"好!你快点默写,还有10分钟就要上课了!"我的脸沉了下来。

"哦——啊,哎哟,我的肚子……"只见他捂着肚子叫嚷起来。

谁都知道我是刀子嘴巴豆腐心,一见到这种情况,我的心就软了,说:"那你先在座位上休息一下吧!"

上课了,王老师问:"还有没默写好的同学吗?"

金德望一个人举起了手。

我气得朝他直瞪白眼,他却吹着口哨,一副无所谓的样子,说:"没关系,还有一个下午呢!"

唉,一个中午我就被金德望折腾个半死,还下午呢。

魅力解读

语言幽默风趣,人物形象栩栩如生,是这篇故事突出的特色。看得出来,作者很会选择事例,这在千篇一律的故事写作中尤为重要。对于一位"巧妇"来说,有了"米"还远远不够,更重要的是如何设法把它煮成香喷喷的米饭。我们不妨看看作者是怎样来描述金德望的:精确的动词运用,细致的神态描绘,产生了很好的表达效果。通过此,一个让人啼笑皆非的"活宝"的形象呈现在我们眼前。

摘不掉的小眼镜

贺新江

大学生戴副眼镜,那是人家肚子里有墨水,是有学问的标志,可我小学还没毕业,鼻梁上就架着一副酸不溜秋的小眼镜,心里真不是滋味。我越想越气,越想越火,于是,不顾医生的叮嘱,将小眼镜扔到一边。我就不相信,没有眼镜就过不了日子。

上课了,看不清黑板上的板书,我就专心地听老师讲,下课了,再找同学抄笔记。尽管耽误了课间休息时间,但强迫自己重温课堂上的内容,也不错。考试时,有些同学凭着高超的视力东张西望,捕捉答案,我因为视力不行,知道只能自食其力,只有老老实实读题,规规矩矩作答,所以,爹妈对我的高分数深信不疑。怎么样,因祸得福吧,不过,高兴得别太早了,接下来,我接二连三地出丑,真让我摘不掉讨厌的小眼镜了。

一次,数学老师有急事,叫我到学校会议室,找正在开会的班主任,让她安排一下同学们的学习。我到了会议室,校长正在讲话,全校的班主任都在认真地听,并做着笔记。我从后门眯着眼睛搜索我们的班主任,搜索了好几个来回,竟没见着班主任的影子。他在哪儿呢?我总不能高声嚷嚷吧。这么简单的事,还磨磨蹭

蹭半天没着落，无奈，我急得汗都出来了。我只有向坐在后门边的一个老师打听我的班主任坐哪里，谁知她竟指着自己身边正在做笔记的我的班主任说："你这同学，长着眼睛干吗了，这不是你的班主任吗？"天啊，班主任就在我的眼皮底下，我竟看不见。当时的尴尬，让我恨不得找个地缝钻进去。

还有更出丑的事情。

一次，自然课任老师带我们到一家化工厂搞社会环保调查。在工厂的废水处理设备前，同学们一边听工厂技术人员介绍，一边实地察看。我见工厂的围墙外（围墙很矮）有一条小河，便想过去看个究竟。哪知没走几步，后面女同学的尖叫声就响了起来，就在同一时间，我一脚踏进了工厂的废水池。天啊，废水池内的废水结了一层与水泥路面一模一样的厚膜，那是白色的氧化物，在我的近视眼看来，就是水泥路面。我不记得当时是否喝了工业废水，反正我把早上吃的东西都吐了出来，连胃酸都吐出来了。

实践证明，不戴眼镜弊大于戴眼镜。自从"掉废水池事件"发生后，我将阔别了半年的小眼镜又恭恭敬敬地请上鼻梁，让它成为我最忠实的朋友。

魅力解读

本文写得很成熟很老练，作者通过正反两方面的事例，来说明"不戴眼镜弊大于戴眼镜"。具体写时，该调侃处用调侃的语言，文风轻松愉快。请看这样的文字："我将阔别了半年的小眼镜又恭恭敬敬地请上鼻梁，让它成为我最忠实的朋友"。幽默、有趣，使故事充满活力，更具可读性。

我的朋友叫"马虎"

滕 柏

认真和马虎都很有个性,我非常想和认真交朋友,马虎却紧追着我,我觉得马虎真不够意思,它太害人了。

在我的学习生活中,马虎总是对我纠缠不休,死不放手。

一次,老师留了一篇日记,就放学了,大家都高兴地跳起来,我也很高兴。刚走出校门,我看见许强在喝"可可奶",我忽然想起自己的水壶还在教室里,便赶忙跑回去拿。进了教室,拿水壶时,我发现我的桌子上还有小黄帽和红领巾,便一起拿走了。

到了家,我放下书包,掏出本和铅笔盒,开始写日记。没多会儿,我就写完了,接着,我看也没看,就把本子塞进了书包,跑出去玩儿了。临走时,我还特意把门锁好,上了保险。

玩了老半天,我回了家。谁知,刚一进门,就被妈妈说了一顿,说我没锁门。晚上,我躺在床上想,我怎么会没锁门呢?仔细一想,原来是我上保险时转倒了,于是,刚锁上的门,又开了。

第二天下午,第一节是语文课,老师读了我的日记,把错别字也读出来了,像"认真"写成"让真","仔细"写成"存细",还有好多丢字、落字的现象,有一句话应写成"我把椅子摆好了",

我一马虎,竟写成"我被椅子摆好了"。老师一读,这一字之差引得同学们哄堂大笑,只有我一个人闷闷不乐地呆坐在那里。

还有一次,数学老师留了许多家庭作业。到了家,我一点儿也不着急,不紧不慢地做作业,想争取全做对。终于做完了,我匆匆地看了一遍,就把本子装进书包里,心想,今天我做得慢,肯定不会出错。

第二天,一发作业本,我喜滋滋地翻着,想着准能得满分。翻到最后一页一看,两个血红的大"×"映入我的眼帘,怎么又不及格?看来,学习还真马虎不得!

由此可见,马虎是多么害人,多么让人厌恶。以后,我再也不理马虎了,我要和它断绝来往,一刀两断。我要和认真交朋友,做一个做事认真的好孩子。

魅力解读

作者生性马虎,因而,吃了不少苦头。行文中,借助于典型的材料,进行细致的描写,写出了因为马虎给自己的学习生活带来的烦恼。最后,作者立志要改变马虎的坏毛病,做个办事认真的人,这使得故事很有意义。为了表达这个意思,作者巧妙地采用了拟人的手法,将"马虎"和"认真"拟人化,赋予了灵性,这样,写起来就显得十分活泼,给人一种新颖别致的感觉。

音乐考试出洋相

张 晨

我电子琴都考过七级了,说明我对音乐还是很感兴趣的,不过,你知道吗,曾经的我在一次音乐考试上,还出过不小的洋相呢。

那是四年级时的事情,那一天……

"下一次音乐课我们考试。"这天,音乐课临下课时,卢老师郑重地宣布。听到这个消息,我立刻变得垂头丧气、萎靡不振。那时,音乐是我的弱项,看到同学们信心十足的样子,我十分胆怯。

终于,倒霉的日子到了。音乐课上,卢老师走进教室,他麻利地撕下十几张小纸条,写上曲目,让我们用抽签的方式决定各自要唱的歌曲。

大家一个一个地上去,随意地抽了一张后,有的兴高采烈,仿佛抽到了适合自己唱的曲目;有的紧绷着脸,皱起了眉头,但随之又露出自信满满的表情;还有的叹了口气,说:"真倒霉!"虽然大家各有各的表情,但最终都圆满地唱完了歌,而且大多数同学的成绩都是"优"。

快轮到我了,我的心怦怦直跳,忐忑不安,心想:怎么办呀?惨了惨了,这回死定了,要是唱走了调,可要被他们笑死了。抽什么都好,就是别抽到《青藏高原》……

"张晨!"卢老师一声大喊,把我吓了一跳。

我神色慌张地走上讲台,手心里全是汗。"《摇篮曲》也好,什么都好,千万千万不要抽到《青藏高原》。"我这样想着,伸出手,随便抽出一张。我打开,低头一看,立刻傻眼了,竟然是——《青藏高原》!

我打了个哆嗦,面对全班同学期盼的眼神,我只好硬着头皮唱了起来。我边唱边哆嗦,不知道的人还以为我有神经病呢。

我一路唱,一路磨蹭,一路跑调。眼看就要到高潮部分了,我脸红得发烫,一字一顿地唱:"那……那就是——青……藏……咳,咳!"正要唱高音,我突然觉得喉咙发痒,便咳了几声,没想到惹得全班同学哄堂大笑。唉,真丢脸!

"青……青藏……高……高,阿嚏!"老天为什么要折磨我啊,咳了几下,还打喷嚏!同学们笑得更厉害了,有的人还笑得肩膀一耸一耸的。妈呀,救救我吧!在同学们的一片嘲笑声中,我强忍着眼泪,红着脸下了台。

哎,一想起那次考试,我就觉得惨。那么高的音,只有韩红唱得上去,我怎么行啊!

魅力解读

故事采用倒叙的方法,向读者再现自己音乐考试出洋相的情景——尴尬、窘迫的情形。作者通过挖掘自己身边的小事,运用极其准确的心理描写,把当时自己紧张的心情刻画得惟妙惟肖、栩栩如生,故事显得真实传神,表现力很强。

调 位

孙 倩

星期五下午第二节是体育课,因为天气的原因没上成。班主任老师来到教室,对全班同学说:"体育课上不成了,我们就调位吧……"他还没有说完,教室里就沸腾了。

要说调位,这可是我梦寐以求的事情。我和同桌秦瑶也顾不上课堂纪律了,就一起欢呼雀跃起来。让我万万没想到的是,倒霉的事还在后面。

"啪——"老师把"惊堂木"(黑板擦)重重地一拍,继续说:"不想调位的同学站起来,想调位的同学找出一张纸,写上自己的名字,搓成一个小球,投进盒子里。"

我不假思索地坐下,迅速撕纸,写了起来。有些同学却犹豫不决,他们一会儿站起来,一会儿又坐下。

我也不知道老师的葫芦里到底卖的是什么药,只是按照老师说的去做。纸球收集齐了,老师又发话了:"想调位的同学依次上来抓纸球,抓着谁的名字,就到谁的座位上去。"

我恍然大悟,原来是让抓阄选座位呀。

开始抓了。

第一个上去的是马丽萱,只见她不慌不忙地大步走上讲台,小心翼翼地把手伸进盒子,抓

了一个。打开一看,是"李杰",她的小嘴立刻撅了起来,一看就知道对结果不满意。

第二个上去的是李杰,李杰面带微笑,迈着轻快的步伐走到讲台上。她摸了一个,打开一看,刚才微笑着的脸立刻就变成了苦瓜脸,她很不情愿地下讲台,怏怏地提着书包,向抓到的座位走去。

我记不起丁梦超是第几个抓的,只记得他健步如飞地走向讲台,迫不及待地抓了一个球,看后,他高兴得一蹦三尺高,然后,手舞足蹈地跑下讲台,像一只快活的猴子。

已抓的同学,有的高兴,有的失望。我的心中矛盾起来,既想早点被抽着,又想晚点被抽着。我心里忐忑不安,只能焦急地等待。

啊,马文抽到我的名字了。一会儿,该我抽了,我提心吊胆地向讲台走去。我刚踏上讲台,腿就软了,我战战兢兢地把手伸进盒子,刹那间,心里有种说不出来的滋味,酸甜苦辣咸,好像样样都有。我转念又一想,还是听天由命吧,就随便地抓了一个纸球。我用颤抖的手打开一看,只见上面用钢笔清清楚楚地写着两个字"秦睿"。我的心"咯噔"一下,仿佛一场龙卷风夹杂着千斤冰块铺天盖地地向我砸来。我的双腿就像灌了铅一样沉重,我勉强走下讲台,垂头丧气地拎起书包向秦睿的座位走去。那个座位的旁边正坐着我的"新同桌"秦瑶,我很不情愿地坐了下来。

环顾四周,我发现同学们有的闷闷不乐,有

魅力解读

开篇作者表达了对调位的美好期望,接着,一边观察同学们的表现,一边描写自己紧张的心理,尤其是把自己抓到不理想的座位时的内心感受描写得淋漓尽致,结尾更是进一步表达了自己失落的心情。用词准确,描述细致,是一篇描写校园生活的佳作。

的则谈笑风生。我不知怎么的突然打了一个寒战,感觉有一股冷风向我刮来,我一句话也不想说。

真没想到,老同桌秦瑶又成了我的新同桌。她抱怨道:"还不如不调呢,以前的座位多少还能看到黑板上的字,现在连半个字都看不到了。"

"如果世界上有卖后悔药的就好了。"我随声附和着。

接着,我长吁了一口气:"唉,今天真是空欢喜了一场。"

爆笑派之四：另类同学的"不幸遭遇"

唉,真倒霉,下午放学了,其他同学都背着书包高高兴兴地回去了,我却被郑老师留了下来。郑老师叫我坐下,我感到莫名其妙。郑老师说:"你今天上课时总是摇摇摆摆坐不住,现在,你留下来,练练坐功吧。"

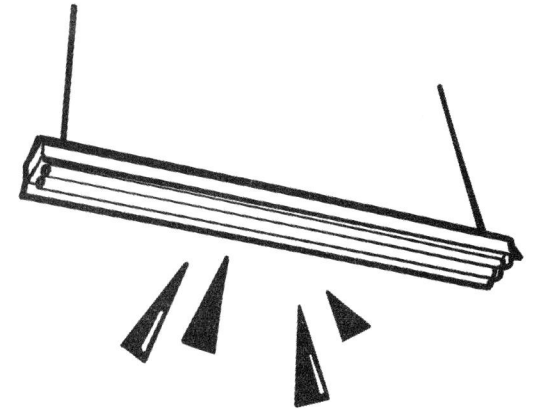

练坐功

宋 平

唉,真倒霉,下午放学了,其他同学都背着书包高高兴兴地回去了,我却被郑老师留了下来。

郑老师叫我坐下,我感到莫名其妙。

郑老师说:"你今天上课时总是摇摇摆摆坐不住,现在,你留下来,练练坐功吧。"

一上课,我坐在椅子上,屁股就像生了刺,于是,我一会儿向左侧着坐,一会儿向右侧着坐,有时还跪着坐。

平时,妈妈说我有"三不停":手不停,脚不停,嘴不停。我觉得,我有"四不停",那就是坐着时,屁股不停地拧。

现在,我后悔了。

如果上课时端端正正地坐着,今天就不会留下来练坐功了。

在空荡荡的教室里,我端端正正坐好,两手平放,双脚并拢,挺直腰杆,两眼看着黑板。

可坐了没有半分钟,我就想动了,这时,屁股就像有万根针在扎。我瞅了一眼身旁的郑老师,郑老师正严肃地看着我,我哪里敢动半下,只好稳住。

一会儿,一个调皮的同学做鬼脸来逗我,我没有理他,还是一动也不动地坐着,眼睛注视着

黑板。

一分钟、两分钟……十分钟、十五分钟过去了,我觉得已经坐了一整天,也不知那里来的一股劲儿,让我支撑了这么久。

又过了好一会儿,郑老师看了看表,对我说:"今天的坐功就练到这里,以后不坐好,就天天练。"

我满脸通红地"嗯"了一声,背起书包就跑了。

唉呀,今后上课一定要坐好啊。

魅力解读

本文乍读好似没有什么技巧,其实,平中见奇是该文最大的技巧,也是该文的成功之处。被老师留校,不是作业没完成,原来是罚坐,这毛头小子有多逗人。具体写时,心理描写细致入微,吸引着读者一直看下去。故事从一个独特的角度写出了老师对学生的一片苦心,让人感动。

"裤"行记

陈雨生

你知道吗？有时我很"kù"，但不是长得酷的"酷"，而是裤子的"裤"。你不信，那就听我说说吧。

"裤"行一

一天早上，老爸骑车带我去上学。

跨进校门的时候，老爸竟然在我背后大叫起来。我转过身去，老爸飞快地一把将我拉到路边，贴着我的耳朵轻声说："儿子，你的裤子穿反了。"

顿时，我的脸肯定比熟透了的红柿子还要红。唉，还不是早上起床时头脑发昏、时间紧迫导致的。幸好旁边的同学不多，我们立刻转移到男厕所，进行改正。

你瞧，我是不是"裤"透了。

"裤"行二

那天是我的生日，妈妈硬要带我去买裤子。我想，又有新裤子穿了，何乐而不为呢？

来到市场，妈妈看中了一条，感觉号有些大，却仍要我试试，我只好服从。刚扣好纽扣，意外竟然发生了，"哗"的一声，裤子竟然脱离了我的身体！

我不知所措地呆在原地,妈妈和老板娘都哈哈大笑起来。都是扣眼太大,自己没扣好,裤子太大,料子又太滑,造成的后果。可以想象,当时,我这个小男子汉那个难堪的样子。

你说我"裤"吗?

"裤"行三

一天下午,因为下雨,体育课没上,同学们都在教室写作业。

忽然,我感觉要小便。人有三急嘛,我就匆匆忙忙赶到厕所,赶紧拉拉链,准备解决问题。谁知,人越急,拉链越拉不下去。我拼命地拉啊拉,就是拉不开,急得我直跺脚,憋得我想哭。我大叫着,跑出去找老师。老师使劲拉也拉不下去,看来是拉链"罢工"了。紧急之中,还是老师行,他拿来了剪刀——行了,老师算是"救"了我一回。

你看看,我"裤"呆了吧。

在成长的过程中,有些"酷"实在是很无奈的啊。

魅力解读

果然是酷呀,读完本文,第一个反应是什么呢?是笑,这是本文的突出特点。幽默风趣的语言,让读者更爱读该文。同学们以后写故事,也可以借鉴陈雨生同学的写法。本文的另外一个特点,就是形式新。作者采用小标题的形式,记叙了三件"裤事",条理清晰,独立成篇,中心突出。

我出洋相了

章 璐

今天,体育课上,老师让我们"跳山羊"。同学们听了,手舞足蹈。

我是既高兴,又害怕。高兴的是,"跳山羊"是我的拿手好戏,害怕的是,今天我穿的裤子实在是太紧了。

同学们都顺利地跳过去了,轮到我跳了。我也不甘示弱,我看了看前面的"山羊",深深地吸了一口气,紧闭着嘴,屏住呼吸,果断地开始助跑。

我跑到"山羊"旁,踏上跳板,双手使劲按着"山羊",身体腾空而起,双腿像剪刀似的一叉,一个漂亮的姿势,获得了全班的掌声。

正当我得意洋洋的时候,突然"啪"的一声,我的心顿时"怦怦"乱跳起来,只觉得脑子里"嗡"的一声,我想,莫非……我的脸不由得红到了脖子根,真想找个地缝钻进去。我连忙捂住裤子裆部,生怕别人看见。

见此,操场上像炸开了锅一样,同学们笑得前俯后仰,有的笑得直不起腰。

调皮鬼王明手舞足蹈地嚷着:"快来看呀,看看穿开裆裤的宝宝。"

我的脸本来就已经又红又烫了,现在,更觉得自己像被霜打过的茄子一样,脸红得发紫,我

急得真像热锅上的蚂蚁——团团转。

最后没有办法,我只好捂着裤子裆部,别别扭扭地走回队伍。

老师知道了这事,冲我挥挥手,让我回家换一条裤子。我心想:哎呀,这次的洋相出得可真大呀!

这件事告诉我:今后,千万不要穿紧身裤子上体育课。

魅力解读

生活中,有些事情能够给人留下深刻的印象,甚至终生难忘。作者将自己在体育课上出的洋相真实地写出来,材料很有趣。行文中,作者的心理感受写得细致入微,内容显得鲜活生动,产生了很好的表达效果。

愚人节逸事

张欣然

每年的愚人节,被别人愚弄是常事。今年的愚人节,大家就把我愚弄得哭笑不得。

取语文书换来妈妈的吻

期盼已久的愚人节终于到了。

一大早,我还没出家门,就上演了被愚弄的一幕。

我刚要推门出去,妈妈就在屋里开腔了:"欣然,回来,你的语文书没带!"

我急忙转身回到书房取语文书,语文书没找到,竟得到了妈妈甜甜的吻,原来我被妈妈愚弄了。

我给"小冬瓜"鞠躬了

来到学校,我一进校门,就碰见了王东光。只见他神秘兮兮的,嘴角露出一丝不怀好意的笑。

我忍不住问他:"哟,'小冬瓜',这都什么年代了,你还搞地下组织呢?"

"小冬瓜"没说什么,只是一个劲儿地"嘿嘿"。

我见他还在傻笑,便问:"你今天是不是发高烧了?"

他却所问非所答:"张欣然,你的鞋带开了。"

我赶紧低头看,自己的鞋带系得不是好好的吗?

他笑嘻嘻地说:"谢谢你,给我鞠躬了!"

糟糕,我被骗了。

佟欣万岁万岁万万岁

下课了,佟欣和我津津有味地聊起了愚人节。正聊着,她突然换了话题,她在一张白纸上写道:佟欣 1313113。咦,难道她也要跟我耍花招?

佟欣写完了,说:"来,你把我的名字和这七个数字按照顺序用英语念出来。"

我真有点丈二和尚摸不着头脑,便迷迷糊糊地答应了佟欣的请求。我念道:"佟欣 one three one three one one three…"

没想到,我还没读完最后一个数字,佟欣就哈哈大笑起来。她一边笑一边说:"我成皇上了,我成皇上了,要不你怎么叫我'佟欣万岁万岁万万岁',哈哈!"

真是的,我又一次被骗了!

愚人节,真是"害死"我了。一天下来,还没等我和别人开一个玩笑,就被别人骗了三次。唉,愚人节,你不是在搞笑,是在教人们说谎。嘻嘻,愚弄别人一定要把握好分寸哟。

魅力解读

本文真实地记录了作者愚人节那天的"不幸遭遇",虽被别人捉弄了,但心里充满了愉悦。每个小故事都用了恰当的小标题,让人读了一目了然。结尾针对愚人节发表了自己粗浅的看法,给人们以警示:愚人不要过分,恰到好处,效果最佳。

一项特殊的作业

许 也

你知道伺候鸡蛋能检测一个人的耐心与爱心吗？这不，昨天放学时，班主任秦老师给我们布置了一项特殊的作业：明天早上，每人带一枚鸡蛋到校，保管一天，看谁最有耐心和爱心伺候蛋宝宝，并保证不让它受到伤害。

早上，我一觉醒来，想到平日里都是爸爸妈妈伺候我，今天我却要照料一枚蛋宝宝，心里既紧张，又兴奋。虽说只是区区的一枚小鸡蛋，我却不敢大意。

上学的路上，我捂着装鸡蛋的上衣口袋，像藏着什么宝物似的，小心地走着，引起路人不时地用好奇的眼光看着我，有的行人还对我指指点点，想弄清楚我的葫芦里到底卖的是什么药。我才不管这些呢，我头一昂，自顾自地朝前走。

到了学校，我才长长地舒了一口气。

同学们都陆续到校了，教室里立刻喧闹起来。有的同学用双手捧着鸡蛋，有的用单手握着，有的用塑料袋包着，全都是一副小心翼翼的样子，就连班上的调皮大王张逸栋也不例外。我的心里很不踏实，因为自己的鸡蛋能保管多久，我心里没数。

突然，只听"咔嚓"一声，是鸡蛋破了的声音，教室里顿时安静下来。同学们都不约而同

地摸了摸自己的鸡蛋，只见张逸栋从口袋里抽出沾满蛋清蛋黄的手，"绝望"地喊着："我的鸡蛋……"好在我的鸡蛋还没什么三长两短。

上早操时，我们班的卢文不放心他的鸡蛋，觉得放哪儿都不安全，最后，干脆放在上衣口袋紧贴胸口的地方，结果还是没逃过一劫，他被楼道里蜂拥而下的同学挤到墙角，趴在墙上，蛋汁流了一身。

上午放学了，教室里的地上到处都是鸡蛋壳，这下可苦了值日生。

下午只有一节课，教室里的鸡蛋又"牺牲"了几个。最逗的要数张思雨了，她带了个煮熟的鸡蛋，抵挡不住诱惑，最后，她把鸡蛋交给自己的肚子保管了。

我的蛋宝宝在鄙人的精心照料下，度过了不寻常的一天。放学的铃声一响，我兴奋地跳起来，"小鸡蛋，我照顾你一天了，晚上请我吃蛋炒饭，ok？"说完，我把鸡蛋往空中抛去，却没有接住，得意忘形的我一下子傻眼了。

看来，伺候鸡蛋还真能检验一个人的耐心与爱心呢。

魅力解读

作者详细介绍了自己和同学们在一天内伺候鸡蛋不被打碎的经历，以便验证一个人的爱心和耐心。行文中，作者有点有面，选取了几位同学伺候鸡蛋的经过，进行了详细的描述，其他同学的表现则一笔带过，做到了有详有略，重点突出。在故事的最后，写了自己实践的结果和感受。内容生动有趣，展示出同学们多彩的生活。

第一次被罚一百遍

李 楷

天啊,这可真是奇耻大辱,自从上学以来,我第一次被老师罚抄一百遍错别字。关于这事,还得从头说起。

平时,我写错字成为习惯,常常把"来来往往"写成"来来住住",把"太阳"写成"大阳",闹出了不少笑话。虽然父母曾经专门管教过我,可我总是左耳朵进右耳朵出,不以为然。为此,父母专门创建了一个错字本,让我把写的所有错别字全都记下来,可一年到头,由于我的消极对待,错字本上只稀稀拉拉地出现了几个错别字,更多的仍在我的作业本上。

这天上作文课,我又被错别字"将"了一军。我洋洋洒洒地写了七八百字,交了上去,满以为又一篇高分作文到手了。谁知作文本一发下来,着实让我大跌眼镜。那篇作文30分,被错字扣得已经所剩无几,剩下的残兵败将加起来,也不够凑个零头,这当头一棒让我猛然醒悟。

最近,老师下达教育令,今后作文,一个错别字扣1分。如果我继续错下去,本是最强项的作文,现在,将成了我的致命弱点,照这样下去,岂不要了我的命?无奈,我做了一项重大决定,以后,要用积极的态度对待错别字。

还别说,我还真坚持了几天,错字本上多了

一行行密密麻麻的错别字。

可是,我实在忍不住过去那种生活的引诱,抱着一种侥幸的心理,认为等我长大了,自然就没有错别字了,从此,错字本又被投到了桌角,落上了厚厚的尘埃。

错别字好像是一种传染力极强的疾病,在班里传染起来。在这时,可亲可敬的"白衣战士"——语文老师,挨个给我们下诊断书,首位被开刀的人自然是我。

"病危"诊断书

李楷,男,11岁,小学四年级。写错字成习惯,再不及时改正,将无可救药。药方:将每天作业本上的错别字抄一百遍。

当我拿着这份诊断书,怀着极其复杂的心情回到座位上时,感到特别委屈。我十分不理解老师的这种行为,甚至有了不想上学的念头。好在我最终理解了老师的用意,坚持按照老师的要求做了下去。当我按时吃完这副苦口汤药后,大病痊愈,真可谓"良药苦口"也。

错别字是个令人头疼的问题,大家一定要下定决心,及时改正,千万不要等到老师下"病危通知书",才觉悟呀。

现在我的感觉是,一百遍虽苦,但对于错别字这个顽症,确实是一剂良药啊。

魅力解读

看到这篇故事的题目,不禁让人大吃一惊,天底下还有这样的老师,真是太令人气愤了,可读完全文,我们才明白了老师的一片苦心。看来,的确是"良药苦口利于行",恭喜作者终于"大病痊愈"。眼睛是心灵的窗户,题目则是故事的眼睛,好的题目不仅能吸引读者的注意,更能对故事的中心起到渲染和烘托的作用,本文的题目就很能够说明问题。

疯狂逃生记

肖文洋

芳菲四月的一天,我们全班同学去珠海神秘岛春游。

那里的游玩项目可多了,海盗船、闪灵鬼屋、青蛙跳……不过,最好玩的还是"疯狂逃生船"。

一听这名字,同学们就想体验一下它到底有多疯狂。

我和好几个同学来到这个游玩项目的入口处,我花五元钱从柜台处买了一件雨衣,把全身包得严严实实。

过了一会儿,我坐上小船,双手紧紧地抓住护栏。只听得船底传来"嘭"的一声,小船启动了,面前是一汪碧绿的湖水。湖水、阳光、蓝天,让人感觉非常惬意。

渐渐地小船来到了一座小山坡前,船头一仰,小船开始爬坡了,小船每上去一点点,我的心就提高一点点。

不一会儿,小船开到了山顶,我扭头一看,天啊,这么高,我的心突然提到了嗓子眼上。一瞬间,小船向下一倾,如一支离弦之箭直往下冲,而且越冲越快。

"啊!"我大叫一声,感觉整个人都飞起来了。

直到小船冲到湖面水花四溅的时候,我那颗悬着的心才放了下来。

小船沿着湖面继续往前开,转过弯后,来到了一座小山前,又开始爬坡,我的心情顿时又紧张起来。

这次,小船开到山顶时停下来了,它来了个180度的大转弯,向反方向冲去。

啊,这次更恐怖了,要背对着前面冲下去了,我吓得尖叫起来。说时迟那时快,船尾突然向下,感觉整个人像背对着深渊一样,一直往下掉,往下掉。

我心想,这下完了,死定了。直到小船再次撞出一片水花时,我才相信自己从死神那里逃出来了。

哇,这个游戏真是太刺激太过瘾了。

魅力解读

这则故事的题目真特别。从第一段可以看出来,这个特别的题目不是为了特别而特别,它的得来是有据可依的。有些同学为了给自己的文章取个好题目,挖空心思地想,结果整篇文章都与题目无关,这就好比古代那个挂羊头卖狗肉的店老板,大家可千万别学他呀,要学就学这则故事的作者。题好一半文,在一个好题目的引导下,作者讲述了一次游玩的过程,内容有趣,可读性强。

"冰上芭蕾"

冯旭晖

这几天,老天爷不知是怎么了,一刻不停地发脾气,天地间仿佛装了一个大冰箱,一下子把学校变成了一个大冰窟。我们学校的池塘,更是结了厚厚的一层冰。

许多同学耐不住池塘的诱惑,便开始蠢蠢欲动了。

有的把冰块当成一面镜子,在那儿摆酷;有的用木棒这儿敲敲,那儿点点,猛地敲下一块冰来,放在嘴上当冰棒咬,即使嘴唇冻得发麻,也不以为意,依旧我行我素。

更多的同学毕竟胆量有限,不敢去冰上玩,怕变成落汤鸡,于是,虽有雄心壮志,却无实际行动,只能望冰兴叹了。

只有钱程这个不怕死的,他早就对那个"滑冰场"垂涎欲滴,恨不得在上面大显身手,一展雄风。

这天,趁着下课,钱程觉得再也无法等待了,便不管三七二十一,使劲一跳,跃到了冰上,想给大家表演一段"冰上芭蕾",让大家一睹他的风采。可是,他毕竟没有天鹅般的优美身材,也没有舞蹈演员的天赋和基础,表演自然只能是丑态百出。

钱大侠一个站立不稳,"啪"地摔在了冰上,

来了一个标准的狗啃泥姿势。他努力地爬了起来,腿还没来得及站稳,又倒在了冰上,于是,只能欲哭无泪了。他双手撑着冰面,两条腿胡乱地踢蹬着,想站起来,最终只能是空想,像只蛤蟆一般趴在那儿。

传达室的老大爷终于发现了这条"漏网之鱼",他怒气冲冲地走过来,揪着钱程的耳朵就像拎小鸡似的把他拎到了"地狱"——老师办公室。

这位可怜的勇士连幕都来不及谢,就被迫离开了他日思夜想的舞台。

经过一番努力之后,这位旷世英雄钱宝宝的滑冰梦想还是破灭了。

他被关进了禁闭室,只能望冰兴叹,再也成不了花样滑冰冠军了。他的"小天鹅"之梦,也宣告破灭。

魅力解读

本是一件很平常的事,在作者笔下,却情趣盎然。首先,是文中大量而恰如其分的比拟,如天寒地冻,作者把它想象成"大冰箱""冰窟",把平整而发亮的冰面比作一面镜子,这些比拟生动形象,让人如见其形。其次,是文中对人物动作、神态的描写栩栩如生,把人物的动作表现得淋漓尽致。

针尖大的小点儿

龚适之

分镜头一：教室里

"妈呀，怎么办哪？"

"我全身都起鸡皮疙瘩，唉！"

从胡老师宣布下午打预防针起，班里就有人开始唉声叹气。没想到，这"害怕病"还能传染，不久，全班同学就集体发病了。

有人把脱下来的厚外套又重新穿上了，好像这是最新发明的"防针服"；有人紧紧地护着自己的胳膊，叽里咕噜地自言自语，似乎正乞求老天爷能给他开扇后门……我心里的小鼓儿也是"咚咚"地响个不停。想到那寒光闪闪的针头，唉，这精神上的煎熬，痛苦啊！

分镜头二：通往"地狱"的路上

躲得过初一，躲不过十五。不管你怎么躲怎么怕，下午第一节课还是到了。

打针的地方安排在阶梯教室，从我们教室到阶梯教室，不过几分钟的路程，可此时，谁都希望它能变得长一些，哪怕是二万五千里长征的距离，也不会有人喊累的。

在通向"地狱"的路上，整个队伍乱哄哄的，平常那些冲锋陷阵的男生，个个都变成了"谦虚

有礼"的君子，不停地说："女士优先，女士优先！"

分镜头三："地狱"里

我的眼睛平时不大好使，今天却格外亮。刚进"地狱"，就瞅到了那些闪着寒光的针头，我不禁打了个寒战，身上的鸡皮疙瘩仿佛听到了命令，紧急集合，全军出动。

终于轮到我了。

那蘸着消毒水的棉签碰触到我的胳膊，我就把头别向另一边，并闭上了眼睛。唉，听天由命吧。

突然，耳旁传来了"天使"的声音："好了，打完了，下一个！"

什么，打完了？真的？我积攒了半天的勇气还没拿出来用，怎么转眼就全部过期作废了？我不禁哑然失笑。

反思

想一想，生活中很多事情也是这样，如果你非常害怕，困难就会在你的恐惧中放大一千倍一万倍，如果你勇敢地面对它，它就变成了一个微不足道的针尖大的小点了。

其实，只要你有足够的勇气，很多困难就只是针尖大的小点。

魅力解读

打针这一题材稀松平常，却在作者笔下焕发出了活力。作者围绕"害怕"两字进行描述，将不同时间、不同地点、不同人物的害怕劲儿描写得淋漓尽致。最后，笔锋一转，积攒了许久的害怕劲儿却无用武之地，真让人大跌眼镜。故事分为三部分，用分镜头的形式，捕捉同学们害怕打针的表现，层层递进。最后的反思，犹如点睛之笔，令人回味。

考试中的意外

周 慧

上小学的这几年里,我经历过许多事,有的令我高兴,有的令我开心,有的令我惊喜,有的令我难忘。最使我受教育的一件事,是前不久在考场上发生的一件事。

考试的那天早上,我早早骑着自行车来到学校。

进入考场后,我不慌不忙地拿出稿纸来。监考老师"哗哗"地发下试卷,我一看题目,咦,这些题目一点都不难,全部都是我们老师教过的。

不一会儿,我就把试卷上的题做完了。写完之后,我反复检查了几遍,没有一点错误,再看看手表,离交卷时间还有三十分钟呢,我就趴在桌子上做起白日梦来:先想这次考试不拿第一,也准拿个第二;接着,想到爸爸、妈妈得到好消息之后,对我的亲昵,还有老师的表扬;后来,又想到同学们,他们知道我的成绩之后,纷纷投来羡慕的眼神……

快下课时,监考老师走过来,看了看我的卷子,他连忙提醒我:"试卷的第二面你为什么不做?"

"什么,还有第二面?"我急忙拿起笔,慌慌张张地做第二面。

我还没有写多少,交卷的铃声就响起了,监考老师无情地收走了我的试卷。

望着监考老师的背影,我放声大哭起来。

我恨,我悔,我怒!

哎,能怨谁呢?谁叫自己粗心大意、得意忘形呢?

现在虽然这件事已经过去了很久,但我还记得很清楚,因为这件事一直提醒我:做什么事情都不能粗心大意。

魅力解读

这真是一件很意外的事,又是一件多么令人痛心的事情,作者由此得到的教训自然很深刻,于是,就很难忘记。材料典型,文笔生动,心理描写细致入微,真实地展示出作者或得意或怨恨的心情,具有很强的表现力。最后一段小结,道出了故事的主题。

紧急事件

沈 娟

下课了,我只顾着和同桌玩,上课铃一响,我才想起要上厕所。

没办法,我只得老老实实地坐在椅子上,耐心地等待下课。

这堂课是英语,英语老师讲得那么生动、有趣,可我一点也听不进去,我坐在座位上一动也不敢动。

一会儿,英语老师讲了几个有趣的故事,大伙哄堂大笑,我也情不自禁地笑起来。这一笑不得了,感觉有点不大对劲,我急忙一夹腿,一吸气,这才憋住了。

过了一会儿,我的肚子涨得更厉害了,我赶紧摁住小腹。

这该死的下课铃声,怎么还不响呢?我都快给憋死了。"吾憨也有涯,而课也无涯",我一遍一遍地默念着这句话。一堂课的时间平时觉得那么短,今天却这般漫长。

终于听到了下课铃声,我不禁松了口气,可英语老师却像跟我作对似的,她说:"现在,我们把刚才学过的句型复习一遍。"

我心里嘀咕着:"这不是要我的命吗?快点呀,我都快忍不住了!"我在心里默默地数着一、二、三……

唉,今天我终于体会到度秒如日的滋味了。

几分钟后,英语老师终于发了慈悲——"下课!"

还没等老师走出教室,我已顾不上维护自己淑女的形象了,我就以百米冲刺的速度跑向厕所。

自从发生了这次"紧急事件"以后,下课我再也不敢只顾着疯玩了。

魅力解读

故事中,心理描写十分出色。围绕一个"急"字,作者运用对比的手法,辅以动作、语言描写,娓娓道来。全文几乎无一个"急"字,作者"急"的感觉却呼之欲出,这就是因为细腻、真实的心理描写把作者的所想所思栩栩如生地展示了出来。

一夜不拉灯

杨梦华

开学的第一天,下了晚自习,班主任突然对我说:"咱们班这几天增加了不少新生,需要调配一下寝室。今晚呢,你们六个女生就搬到203室去住吧。"

换宿舍,谁愿意呀?可"军"令如山,我们也只有服从的份啊。

当我们一窝蜂似的拥进203室(原来六年级男生的宿舍)时,都不由得傻了眼:满地的纸屑,酷似瑟瑟秋风横扫于一隅的枯叶;墙角处,蜘蛛的建筑安然有致;床底下,臭袜子躺在烂鞋里,正做着香香的梦;桌面上,门窗的玻璃上,灰尘们正在开大会……我小心翼翼地走过去,轻轻地拉开抽屉,只见一面伤痕累累的镜子正痛苦地瞅着我。陪在它身旁的红梳子,那个黑呀,几乎叫你看不到齿与齿之间的缝隙。呸,这哪像个"舍"呀,简直是个"窝"!

"我说姐妹们,一屋不扫,何以扫天下啊,都甭愣着了,该出手时就出手吧!"我说。

在我的提议下,我们迅速分好组。大家扫的扫,擦的擦,撮的撮,没多大工夫,我们个个都面目全非——新貌变旧颜了。

"妈呀——有鬼!"

突然,一声凄厉的尖叫声把我的心猛地提

到了嗓子眼儿。

"鬼……鬼在哪儿?"

我们慌忙扔掉工具,闪电般地围住了刘瑞洁。只见她蹲在地上,两手紧紧地捂着眼,双脚不停地蹭着地。

"在……在床下……"

啊?在床下!我们不由得后退,屏息敛气,偷偷窥视。嘘,在床下阴暗的角落里,果真有一个"鬼"!它蓬松的白发,青色的脸,铜铃般的眼睛鼓鼓地喷着凶光,血红的大嘴翘出了锋利的獠牙……

"梦……梦华,我怕……"

躲在身后的可心不时地拽我,我扭转身,只见她脸色苍白,嘴唇发紫,两条腿像筛糠似的不停地抖动着。她这一抖可倒好,一下子将我们所有的害怕都抖出来了。

我们心惊着,颤抖着,尖叫着,情不自禁地紧紧合抱在一起。

"咋回事啊,咋回事啊?"生活老师亮着高高的嗓门儿进来了。

我们都没有抬头,只是用手一指:床下有鬼!

"鬼,哪来的鬼呀?世上根本就没有鬼,纯粹是自己吓自己!"

生活老师说着,就俯下身朝床下瞄。她瞄了一会儿,就顺手操起一个长把儿笤帚往外扫。一下,两下……嗬,出来了!

"哎呀呀,吓死我了!"

魅力解读

　　故事中,作者用风趣幽默的语言,将搬宿舍时闹"鬼"的过程写得绘声绘色、情趣横生,富有浓郁的校园生活气息。综观全文,亮点多多。"窝"的描写彰显了作者的文字功力,也为下文的闹"鬼"埋下了伏笔,可谓是匠心独运;用人物的言行描写闹"鬼"的情景,形态逼真,让人如临其境,感同身受,实属技高一等;更值得称赞的是,作者用自己的心理变化作为故事的一条暗线,贯穿全文的始末,实乃构思奇巧。

　　由于生活老师用力过猛,那"鬼"连滚带爬一下子"缠"住了赵云的脚。赵云蓦地像踩上了地雷,腾地跃起老高。我们也都错乱了神经,叽叽喳喳,胡蹦乱跳起来。

　　"叫喊什么呀,叫喊什么呀!一个假面具就把你们吓成这样,真是一群胆小鬼!"生活老师说。

　　什么,假面具?唉,我们面面相觑,不敢正视,心中依然是惊魂未定。

　　"时间不早了,赶快收拾收拾,睡觉吧!"

　　说着,生活老师迅速地抓起"鬼",匆匆地走了。

　　我躺在床上,翻来覆去,怎么也睡不着。那"鬼"影儿就像一个幽灵,时不时地在我的眼前晃动。

　　那晚,我们谁也没有睡意,大家眼睁睁地说了一夜的话,宿舍里明了一夜的灯。

爆笑派之五：另类老师的个性剪影

林老师有两颗特大的门牙——一颗像妈妈下厨时挥动的铲子,一颗像爷爷上山砍柴时抡的斧子。这两颗大门牙姿态不一,形象各异,歪歪扭扭地向外伸着。说句实话,第一次见到他,我就心急如焚:有这两颗大门牙顶着,怎么教我们学语文呢?

歪牙老师

陆 山

林老师有两颗特大的门牙——一颗像妈妈下厨时挥动的铲子,一颗像爷爷上山砍柴时抡的斧子。这两颗大门牙姿态不一,形象各异,歪歪扭扭地向外伸着。说句实话,第一次见到他,我就心急如焚:有这两颗大门牙顶着,怎么教我们学语文呢?

没想到,这两颗大歪牙还很爱挑剔别人的毛病。上课时,林老师喜欢让同学们挨个儿朗读,不管是谁读,都有这样或那样的毛病被他"铲"出来,并一一斧正。

我从一年级就养成了一个坏习惯,朗读时吐字不清楚,含含糊糊的,这两颗大门牙可就对我大铲特铲了:"你这样不是朗读,而是在说梦话。如果你长大了当局长,还是这样子给大家做报告,大家都会打呼噜的。"

于是,打他上第一节课开始,我就不得不对那两颗门牙刮目相看了。

在课下,我曾问他:"林老师,您的门牙怎么这么歪?"

他嘿嘿地笑着说:"我从小爱笑,不小心笑歪了。"

开始我还半信半疑,后来,我便深信不疑了。

课堂上,从这两颗门牙中常常会说出一些使人忍俊不禁的话来,令同学们开怀大笑。

费超同学总是在老师和组长的催促下才写作业,林老师就笑着说:"费超,你这种学习方式像挤牙膏,总要在屁股上挤一下,才挤出一点点,以后,你要不时地捏一捏自己的屁股。"

大家听了,哄堂大笑。你还别说,费超的老毛病从此就改掉了。

我真担心有一天我也会笑歪门牙,不过,门牙歪了也好,你看,我的心不是被这两颗大牙死死地钳住了吗?

魅力解读

作者善于观察,也善于联想,对人物的外貌描写多么生动、鲜活。结尾有趣,反问的运用,强调了歪牙老师的独特魅力,点题恰当。作者捕捉住老师的外貌和性格方面的特点,用"歪牙"贯穿全文,通过个性化的语言描写来展现老师对学生的严格要求和风趣幽默的特点,真是一篇很好的故事。

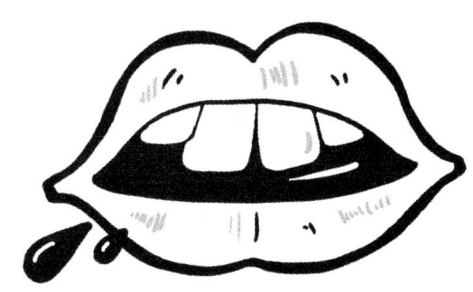

一次最忽悠人的听写

李明宇

最近,我们六年级二班遇到了一次最忽悠人的听写。

这天上课前,同学们坐在座位上有说有笑,忽然,不知是谁一声高呼:"语文老师驾——到!"

俗话说:"语文老师一声吼,地球也要抖一抖。"全班同学没有一个不害怕语文老师的,吵吵嚷嚷的说话声戛然停止,就像一壶开锅了的水忽然停止了沸腾那样,教室里非常安静,大家都等候着语文老师的光临。

"咚咚——"随着一阵沉重的脚步声,从门外闪进一个高高大大的身影。"咻溜",教室门关上了,"啪啪",黑板擦响了两声。做完这几个经典动作,语文老师沉着地下达了第一道命令:"下面听写本课的生字!"

话音刚落,讲台下立刻传来一片"哗啦哗啦"翻课本的声音。我的同桌尤娜拿出本子,把生词一个个全抄在练习本上,同时,嘴里还念念有词:"欢愉、晨曦,唉,这个曦可真难写。"

再看看前面的周杨林,眼睛睁得滚圆,直盯着课本,好像要把课本上的每一字都吃了似的。我也不敢怠慢,一边把一些难写的字闭着眼比画,把握不准的拿笔在纸上一笔一画地写着,一

边调动所有的记忆细胞,把每一个字都储存到大脑深处。这时,听到后面有人在小声说话,原来是李杏和刘晓璇两人在互相听写。

紧张地过了三分钟,在教室里踱来踱去的老师大步迈上讲台,大声喊道:"大家准备好了没有?"

"准备好了!"同学们信心百倍地吼道。

"会写了吗?"

"会写了!"又是一阵异口同声的回答。

老师满意地点点头,他眨眨小眼,一张严肃的脸立刻云开雾散,变成了灿烂的笑脸。"既然这样,今天就不听写了,咱们讲新课。"

什么,什么,不听写了?

"既然大家都会写了,还听写什么?浪费时间!让听写只是个督促,等你们哪天准备得不充分时,我们再听写。我要真真假假,虚虚实实,让你们摸不着我的底牌。"

听了老师的一席话,我们心里暗暗"生气",好你个老师,什么时候研究起兵法来了?兵不厌诈,你竟忽悠起我们来了。

魅力解读

好一个"狡猾"的老师,可谁又能说这不是为同学们好呢?语言幽默,擅长运用比喻,借助于细致的侧面描写,一个教学有法的老师的形象跃然纸上。不对呀,作者不是说这是个"狡猾"的老师吗?正是这样的反差,让老师的形象更鲜明,情节更具戏剧性。

从前有座山

金美丽

作文兴趣课上,同学们纷纷要求张老师讲一个故事,他笑着答应了。

"从前有座山,山上有座庙,庙里有两个和尚……"

大家静静地听着。

"有一天,老和尚给小和尚讲故事。老和尚说:'从前有座山,山上有座庙,庙里有两个和尚……'"

听到这里,有一些同学开始动起来。

"有一天,老和尚给小和尚讲故事。老和尚说:'从前有座山,山上有座庙,庙里有两个和尚……'"

听到这里,同学们不干了,纷纷抗议:"不行,不行,老是这几句话,换一个,换一个!"

"好,换一个。"张老师爽快地答应了,"我就再讲一个故事。故事讲的是一只兔子,兔子跑了,我的故事也就完了。"

"完了?"

"完了。"

"不行,不行。"同学们起哄了,"这也算故事吗?什么内容也没有!"

"不好听,是吗?"张老师笑着问。

"当然不好听。"我也跟着摇头。

"为什么?请你谈谈自己的看法。"张老师对我说。

"第一个故事太啰嗦,翻来覆去老是那几句;第二个故事更不像话,什么内容也没有。"我说。

"对,对!"同学们都随声附和。

"这恰恰是你们在写作文时常犯的错误啊。"张老师笑着说。

张老师没有说错,叙事啰嗦或是空洞无物,确实是我们写作文时常犯的两大毛病。想到这里,不少同学都低下了头。

不少同学写作文时,有时为了写长些,叙述时前后重复,结果写出来的作文拉杂拖沓;有些同学认为,作文要写具体、生动,就应当多用好的词句,结果好的词句用了一串又一串,空口号喊了一遍又一遍,内容却是空空如也。

"从前有座山……"今天,张老师用这种幽默有趣的方法让我们明白了作文之道,我真佩服张老师,他教作文真有一套。

魅力解读

"巧"是这个故事的突出特点。一是取材巧。张老师讲的两个故事,恰恰道出了同学们作文中的两大毛病。这样一对比,同学们就能够很清晰地领悟到自己作文中的不足。二是构思巧。先讲两个故事,再引导同学们议论这两个故事存在的问题,最后,水到渠成,让同学们从这两个故事中得到启发,发现各自的作文中存在的问题。三是立意巧。故事看似讲写作方法问题,在结尾处一点,则表现出张老师教学方法灵活、富有创造性的特点。

赵老师的口头禅

赵会敏

升入五年级后,教我们语文的是新来的赵老师,他四十多岁,说一口比较流利的普通话。相处的时间长了,我们发现,他有两句口头禅。

上第一节课,我们就发现,他最爱说的话便是"万变不离其宗"。

"同学们学语文,就要知道一句话——'万变不离其宗',这个'宗'就是课本。"听,一句了;"学习语文并不难,主要就是掌握方法,所谓的'万变不离其宗'……"听,两句了;"一些同学怕写作文,其实,这有什么好怕的?写作文重在积累,任何文章都是用语言和感情来表达的,这正是'万变不其离宗'。"

天啊,我可不敢再数下去了,同学们也一个个听得目瞪口呆,不过,我们觉得老师说得也挺有道理的。也许是受了他的"万变不离其宗"论的影响,一学期下来,我们班的语文成绩在全镇名列第一,有好几位同学的作文还在各类报刊上发表了呢。

赵老师的另一句口头禅是"你不行,有老师"。

以前,我们班上课很少有人举手发言,赵老师的这句话让不少同学成了勇士。也难怪,他说这句话时,总是将声音提高八度,但仍是那么

轻松、活泼、幽默，不乏鼓励。我们在回答问题时，一向严肃的课堂顿时变成了一个轻松的活动场所，平常总是一声不吭的后进生也纷纷成了勇士，从不在课堂上主动回答问题的一些女生也破天荒地举起了手。

记得学习《海上日出》那一课时，赵老师要我们说出作者具体描写了海上日出的哪几种景象。我觉得这个问题很简单，就在下面嘀咕起来。赵老师那带着浓浓笑意的目光马上投向了我，我正犹豫着，他亲切的话语就响了起来："怕什么，你不行，有老师。"我终于下定决心，高高兴兴地举起了手。啊，我也当了一回勇士。

亲爱的赵老师，我永远忘不了您的口头禅。

魅力解读

口头禅很多人都有，它往往能反映出一个人的特点。比如，从赵老师的"万变不离其宗"这句口头禅中，不仅能看出这个老师深厚的功力，还包括他对语文深刻的认识、独特的教学方式，更能够体现出他风趣、幽默、亲切的性格特点。作者抓住老师的口头禅落笔，围绕老师的口头禅，刻画老师独特的教学方法，内容很新鲜。

幽默和蔼的单老师

张雪菲

这学期,学校安排单老师担任我们的语文老师,为此,同学们都高兴得欢呼起来。

单老师个子不高,五官端正,平时,她总是穿着很朴素的衣裳。她不但排球、羽毛球打得好,上的课也让人叫绝。单老师上课,我们很轻松,只要坐得端正,不随便说话,就行了。她总是一副很和蔼的样子,从来不冲我们发火,同学们都很喜欢她。

有一次总结作业,单老师指着一个本子说:"有一位同学把腾云驾雾的'驾'字写成了'木'字底,那位同学可真不简单,他能骑着木头上天。"

"哈哈哈!"

听了这话,同学们都大笑起来。有的捧着肚子,笑得前仰后合;有的捂着嘴,脸憋得通红;还有的趴在桌子上,笑得半天直不起腰。过了好一阵子,同学们才停止大笑。

单老师接着说:"请那位同学注意点,以后坐飞机,看云彩就行了。"

于是,班里又是一阵大笑。在笑声中,我们明白了写字不能马虎的道理。

前几天的一节自习课上,有些同学不遵守纪律,教室里乱哄哄的。这些同学,有的东看看

西瞧瞧,有的与同桌在小声说话,还有的淘气包在做鬼脸,逗得周围的同学笑出了声。

　　一会儿,单老师来了,她发现了这个问题,就发话了:"同学们,课堂纪律这么不好,别说一根针,就是一根钉子——"同学们全都睁大眼睛望着单老师,"掉在地上也听不见!"

　　"啊,哈哈哈!"同学们都笑了,同时,也理解了老师的良苦用心,很快教室里就安静下来。看着同学们埋头写作业的情景,单老师会心地笑了。

　　啊,单老师,我们理解您的良苦用心,我们会用优秀的学习成绩向您汇报。

魅力解读

　　作者从真实的感受出发,写了自己在课堂上亲历的两件事。行文中,动作描写、语言描写细致入微,一些细节很典型,通过此,刻画了一位幽默、和蔼、爱护学生的老师的形象,读后,感到很亲切,很真实。

老项搞笑

金子然

老项是我的作文培训班老师,为什么叫他"老项"呢?"老"指的是他在我们学生心目中的地位非常高的意思,可别以为他是老人哦。说到老项,他是报社的记者,也是我们的"搞笑大使",我对他佩服得真是五体投地。

我来作文班上第一节课时,就认识了项老师。他高高的鼻子,宽宽的肩膀,一对有神的眼睛,脸黑黑的,活像一位农民。

在这节课里,他给我们讲了"语文"的意思。"语"指的是语言口头表达能力,"文"指的是作文写作能力。他要求我们,不但要有很好的口头表达能力和写作能力,还要有非常好的观察能力。接着,他给我们讲了一件真实的事情。

一位和项老师同一个报社的实习记者去县城调查一个撞车事故,这个记者在调查的过程中,对事故的细节调查得不详细,连车牌号、具体的时间和地点都没记录下来。回到报社里,他一口气写了一篇报道,并把报道稿拿来请教项老师。项老师仔细看了这篇报道,指出了很多毛病,并开玩笑地说:"你现在是不是还要再花钱去一趟县城,到了那时,肇事车开走了,现场的目击者也散了,受伤的人也送医院去了,难道你还去找受伤者,叫他再被撞一次,好让你记

录下来事故的具体情况吗?"看着项老师边说边做着搞笑的动作,我们都笑得前俯后仰。

还有一节课,项老师在讲台上一边说一边手舞足蹈,他一会儿搔搔头,一会儿摸摸背,说到激动的时候,还把头一甩,做出耍酷的动作。

突然,有个同学举手了,我们正感到莫名其妙,这个同学发言了:"老师,你怎么老是当着我们的面用手指挖鼻孔啊?"老师一愣,我们哄堂大笑起来。

令我们没想到的是,老师灵机一动,对我们说:"今天的作文题目就是'老师挖鼻孔',一定要把刚才观察到的过程写仔细哦,现在开始写吧!"

听了这话,我们都傻眼了。

项老师就是那样一个幽默的人。每次去他那里上课,我都非常开心,因为我们有一位搞笑的老师。他的作文课,每节课都给我留下了美好的回忆。

我喜欢这位老师,他给了我一个欢乐的童年。

魅力解读

写人的故事,最怕的就是千人一面,本文抓住项老师"搞笑"的特点,让一位幽默的老师深入人心。首先,他其貌不扬,其次,"讲述故事""即兴写作"这两件事验证了他"搞笑"的特点,语言描写、动作描写具体,为突出人物特点起到了很好的作用。

"捞鱼"

张芮嘉

上课了,史老师快步走进教室,表情很严肃。随后,他在黑板上写了"捞鱼"两个大字。见此,同学们便议论起来了。

"捞鱼?到哪儿去捞呀?"

"我没带网呀!"

就在大家议论纷纷的时候,史老师说话了:"昨天,我对大家说了,今天检查作业,现在,绝大多数同学的作业已经交上来了,我们就来捞一捞'漏网之鱼'吧。"

噢,原来是这样。昨天的一幕又浮现在我的脑海里:下午第二节,史老师来教室清查作业,可怎么收都还有几位同学没交作业,于是,史老师决定第二天再收。想到这里,我不禁紧张起来。

史老师问同学们:"此刻,你们的心情怎样啊?"

"紧张!"大家异口同声地回答。有几位同学紧张得脸色都变了。

老师问了一位同学:"你觉得我们班埋伏的'漏网之鱼'可能是谁呀?"

这位同学想了一会儿,小声说:"我猜是赵彬,你看他脸色都变了,一定是他!"

另一位同学补充说:"对,我刚才还看见他

在书包里翻着什么呢!"

史老师撒完网,就该"捞鱼"了。他叫大家站起来,开始点名。随着一声声欢呼,讲台上的那堆作业本越来越少,我的心也跟着老师的节奏跳动,就在这时,老师终于点到了我的名字,我心里的石头终于落地了,我一下子坐了下去,过了好久,才回过神来。

看着坐下的人越来越多,突然,史老师停住了,望了望还站着的几位同学,问道:"站着的同学,你们的心情怎么样?"有些同学的双腿都软了,有些同学的脸都红到脖子根了。

为了不影响没有交作业的同学的情绪,史老师没有再点名,而是让这些同学全坐了下来,自己把手中的几个本子一一发了下去。

最后,老师问我这个班长,想对这些"鱼儿"说些什么,我说:"以后,大家一定要按时交作业呀!"

一次"捞鱼"的活动终于结束了。我真佩服史老师高超的教育方法,他没有批评任何人,却为所有的同学都上了生动的一课,这次"捞鱼"活动给了我深刻的启示。

魅力解读

题目新奇有趣,令人起疑,吸引读者带着疑问走进故事,了解究竟捞什么"鱼"。内容鲜活,文笔生动,字里行间处处渗透着"捞鱼"的紧张,尤其是对被捞之"鱼"表情、动作的描写,十分传神,通过此,也反衬出老师高超的教育方法。

中了高招真开心

陈世泽

上星期五下午放学后,叶老师神秘地把我"请"到学校的乒乓球室。令我意外的是,她没有像其他老师那样批评我上课不专心听讲,让我在乒乓球室罚站反思,而是要我教她打乒乓球。

叶老师这回算是找对人了,我是全校乒乓球比赛的冠军。我得意地想:有我这么出色的教练,包你不出十分钟就能学会。

我先耐心地给叶老师讲了发球的动作要领,然后,发了几个球做示范,接下来,就开始了正式训练。

叶老师连发了好几个球,都没有成功。最可气的是,我一次又一次地给她讲解要领,她竟然毫无进步。哎呀,一向聪明的叶老师这会儿怎么这么不开窍啊。

这时,叶老师又笑呵呵地说:"真不好意思,麻烦你把技巧再告诉我一遍,我又忘了。"

无奈,我只好懒洋洋地应付她。

"怎么,不耐烦了?你才给我讲了五遍要领啊。"叶老师笑眯眯地说。

才五遍?照这样下去,我讲百八十遍也是白搭。我正在烦躁,忽然,看见叶老师的脸上露出了"坏坏"的笑容。咦,情况不对。我曾听同

学说过,说叶老师上大学时可是体育部长,特别爱好球类运动,她怎么可能对乒乓球一窍不通呢?难道她别有用心?我左思右想,心里忽然一下子明白了。最近,我上课总是不认真听讲,作业也写得马马虎虎的,不当回事。叶老师肯定是要借此机会,让我感受一下"恨铁不成钢"的感觉。想到这里,我的脸上一阵发烧。

"接球!"叶老师突然将球发过来,我没有反应过来,球打到了我身上。

叶老师问:"想什么呢,这么出神?"

我壮着胆子不好意思地说:"叶老师,我明白了,我以后一定用心听课,写作业也不再马虎了。"

"你这个小马虎还算机灵,总算看出了我的用意。"说完这话,叶老师长出了一口气,接着,她兴奋地说:"要不要放开杀一局?"

怎么不敢杀,我挽起袖子就和叶老师展开了一场真刀真枪的对决。叶老师的水平真的不低,我们打得异常激烈,也异常兴奋。

今天,中了叶老师智囊袋中的一个高招,我真开心。

魅力解读

读了这篇故事,我们不禁佩服叶老师别出心裁的教育方法。作者在写自己教老师打乒乓这件事时,有一点特别值得我们学习,那就是行文中,作者注意设置悬念,他没有一下子告诉我们叶老师让自己教他打乒乓球的真实意图,而是在叙述的过程中让自己逐步悟出来,这样,故事就显得很有吸引力。

幽默的张老师

徐大伟

张老师已经年过六旬了,和走在街上的老太太一样,她头发花白,满脸皱纹。她虽然已经退休,但因为课讲得好,我们学校就把她请来,教我们语文。

张老师课讲得的确很棒,不过,同学们最喜欢的还是她的幽默,平时,不管同学们犯了什么错,都会"享受"到张老师幽默的批评,让大家在一阵笑声中,改过自新。

有一次,发语文试卷,全班同学差不多都领到了,就是没有赵槐同学的。看看讲台上,张老师正盯着一张试卷皱眉,过了一会儿,张老师突然大声叫道:"赵木鬼!"

同学们都愣住了,我们班里哪有叫赵木鬼的同学?同学们诧异地你看看我,我看看你。

我明白是怎么回事了,就用胳膊轻轻地碰了碰我的同桌赵槐。他恍然大悟,不知所措地站了起来。

张老师煞有介事地打量着他,仿佛站在她面前的是一个陌生人。

张老师郑重地问:"你就是赵木鬼同学?"

"我,我……"赵槐很难为情,他自我解嘲地摸摸自己的后脑勺,笑了一下说,"我是赵……槐。"

"而我找的是赵——木——鬼!"张老师指着试卷,有意把"木"字和"鬼"字说得很重。

"老师,我把槐字写分家了。"赵槐低头解释道,说这话时,他面红耳赤。

引得全班同学哄堂大笑。

张老师把试卷递给他,他赶紧把"木"字和"鬼"字擦掉,工工整整地写上"槐"字。张老师点点头,笑了。不过,很快,张老师就收敛了笑容,她严肃地对我们说:"一些同学字写得不好,主要问题是间架结构不正确。写字就像盖房子,架子搭得不规范,不紧凑,房子不倒才怪呢。"接着,张老师建议我们有空时,可以临摹一些字帖,说这样有助于练字。

这就是曾教过我们一学期的张老师,她从不对我们横眉瞪眼,总是让我们在笑声中认识缺点,在笑过之后,悟出道理。有时,我真想故意犯个小错误,好"享受"一下张老师的幽默。

魅力解读

这个故事很有趣,张老师通过独特的方法,批评一个同学把自己名字中的"槐"字写分家了,通过此,展示出教学的智慧和幽默。在构思方面,作者先不点明赵槐同学把"槐"字写分家了,而是用"赵木鬼"来制造悬念,最后真相大白,引起哄堂大笑,这样的构思,喜剧效果更浓了。

我们的语文老师很特别

李 敏

我们的语文老师姓张,他的头大得像地球仪。

给我们上第一节课时,他就笑着说自己头上有"七大洲"。同学们在背后直骂他吹牛,可不久大家就一个个把"鸡颈"伸成"鹅颈"似的,盼着上他的课。

也许你会感到奇怪,张老师有什么魔法不成?秘密就在他的那个大头里。那里面装满了知识,他上起课来,有趣的知识就像泉水汩汩地冒出来,再加上他形象的表演,能把你一百二十分的精力都调动起来。

张老师来了不久,就干了三件我们闻所未闻的事:第一,把办公桌搬到教室来,我们早读他备课,我们上课他改作业;第二,和我们一起写作业,我们写作文,他就写下水文,我们写日记,他就写教学随笔;第三,把每周两节语文课调成了阅读课,我们看报他看小说,我们誊录,他就摘抄。这三件事一传开,他就成了校园里众说纷纭的"另类"。

同学们对他产生了浓厚的兴趣,不久,终于有人发现他"上课不检点"的毛病。有"作文高手"在作文中写道:"他圆圆的屁股就像地里的大南瓜,挺着个'怀了孕'的大肚子,在教室里踱

着八字步。更令人讨厌的就是，到了下午，他腰上的皮带就像水蛇一样露出半截，在我们眼前晃来晃去……"不知何故，我们的语文老师竟然把这篇作文当做范文来读，引得课堂传出一阵阵爆笑。最后，他作出一项决定：今后每天早读前，全班同学跳 10 分钟舞，集体陪他减肥。班上几个"肥妞"听了，差点当即晕过去。

更大的"新大陆"还在后头。不知谁传出，他当学生时，英语曾考过 18 分，还说有一张签着他大名的英语考卷为证。顿时，全班都沸腾了。他知道这事后，竟静静地给我们讲了一个久远的故事。听了这个故事，整个课堂竟没有一点笑声，倒听到几声低低的抽泣。

照毕业照那天，他又冒"新闻"了。校长让他坐中间，他不坐。班长说你天天站着为我们上课，你就坐一次吧，他还是不坐。全班学生哄嚷着让他坐，他却跑到最边角的那个位置，笑呵呵地说："站了多年，习惯了。"

毕业照洗出来，同学们一眼就认出那个头大得像地球仪的老师，大家举着相片，互相喊着："你看，你看，我们的张老师真帅。"

魅力解读

写特别人物，就要抓住人物特别的地方，作者在此文中就抓住了几处：一是头大得"特别"，像地球仪；二是做事"特别"，把办公桌搬到教室里，同学写作业，他写下水文；三是改调阅读课。这三件的确"特别"和"另类"，但却是可敬可取的。故事中，作者虽然抓住老师的几个缺陷不放，但表达是善意的，因此这些描写无损老师的大雅。

有绝活的老师

杨 明

二年级时,我们班是全年级最差的班。每当别的老师说起我们班时,总会说:"唉,这个班……"每当学校评比卫生优秀班集体时,其他班级屡屡获奖,我们班却总是没份儿。

三年级时,我们换了一个班主任。上第一节课时,预备铃已经响了,我们的教室里还是乱七八糟的,用"脏、乱、差"三个字形容绝不过分。谁知,新班主任周老师看到这一切,一点儿没生气。他捡起地上的一张废纸,把它高高举起,然后,充满激情地吟道:

纸啊,纸啊!
你怎么落到了地上?
你可知道,
如果你在画家手中,将被绘出一幅精美的图画;
如果你在作家手中,将被写上一篇优美的文章;
如果你在音乐家的手中,将被谱上一支动人的乐曲;
如果……

当时,我们真是既好奇又惊讶,注意力全都

集中到了周老师手中的纸片上。

接着,他又吟道:

纸啊,纸啊!
你是怎么落到地面上的呢?
你可知道,
因为你落到地面上,你就成了一张废纸;
因为你落到地面上,我们班级的卫生就遭到了破坏;
因为你落到地面上,你的主人可能要受到大家的指责;
因为……

听着听着,同学们渐渐地明白了什么,于是,大家连忙弯腰捡自己周围的废纸,然后端端正正地坐在座位上,静听老师的朗诵。

"丁零零……"上课的铃声响了,那堂课同学们表现得特别好。课后,大家都说,我们新来的老师是一位诗人。

其实,周老师不仅是一位诗人,还是一位魔术师。

记得那次自习课上,周老师检查卫生,发现周希秉的课桌下有张废纸,他捡起这张纸,对周希秉说:"请你站起来,把这张纸吃了!"

听了这话,周希秉感到愕然,同学们也感到非常惊讶。当时,我想,老师怎么能这样对待学生呢?

魅力解读

　　这位班主任的与众不同之处是,他睿智、幽默、博学。可以看出,班上的同学都很喜欢他。为什么这个人物会给大家留下这么深刻的印象呢?关键是作者抓住了能表现人物特点的典型事件。平时,"做诗""变魔术"可不是每个老师都会使用的教育方法。除此之外,在人物的神态、动作、语言等方面,作者进行了细致的描写,这样,人物形象就很鲜明了。

　　"快把嘴巴张开!"周老师的神情异常严肃,他的话似乎不容置疑。

　　同学们的眼光都集中到了周希秉的嘴巴上,只见他慢慢地张开那张平时挺爱讲话的嘴,眼泪已经在眼圈里打转了。

　　说时迟,那时快,只见周老师迅速地将那张纸揉成一团,一下子"塞"进了周希秉的嘴里,还命令道:"咽下去,快!"

　　周希秉傻了,同学们呆住了。突然,周老师像变戏法一样,从另一只手里拿出那张纸,交给了周希秉,并严肃地说:"这次就算了,以后绝不轻饶!"说完,他就把身子转了过去,我看得很清楚,老师偷偷地笑了。

　　见此,全班同学都笑了。周希秉的泪珠滚下来后,也和我们一起笑了。